教育部财政部职业院校教师素质提高计划职教师资培养资源开发项目

机械电子工程专业职教师资培养资源开发（VTNE0

The Theory and Technology
of Scoring Rubrics

评分规则的
理论与技术

邵朝友　◎著

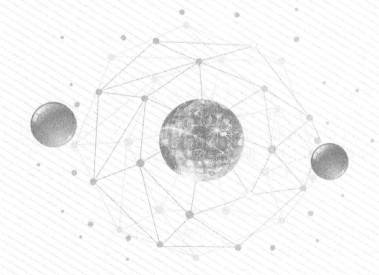

ZHEJIANG UNIVERSITY PRESS
浙江大学出版社

图书在版编目（CIP）数据

评分规则的理论与技术 / 邵朝友著. —杭州：浙江大学出版社，2018.11
ISBN 978-7-308-18478-6

Ⅰ.①评… Ⅱ.①邵… Ⅲ.①教育评估—教育理论—高等学校—教材 Ⅳ.①G40-058.1

中国版本图书馆 CIP 数据核字（2018）第 176155 号

评分规则的理论与技术

邵朝友　著

责任编辑	王　波	
责任校对	李瑞雪　杨利军	
封面设计	春天书装	
出版发行	浙江大学出版社	
	（杭州市天目山路 148 号　邮政编码 310007）	
	（网址：http://www.zjupress.com）	
排　　版	杭州中大图文设计有限公司	
印　　刷	浙江新华数码印务有限公司	
开　　本	787mm×1092mm　1/16	
印　　张	13	
字　　数	276 千	
版 印 次	2018 年 11 月第 1 版　2018 年 11 月第 1 次印刷	
书　　号	ISBN 978-7-308-18478-6	
定　　价	36.00 元	

项目专家指导委员会

机械电子工程专业(VTNE011)丛书编委会

总主编 顾 容

编 委 （按姓氏笔画为序）

王永固　杜学文　李 真　陈笑宜

陈德生　邵朝友　林如军　赵增荣

娄海滨　顾 容　楼飞燕　楼建勇

潘浓芬

出版说明

自《国家中长期教育改革和发展规划纲要(2010—2020年)》颁布实施以来,我国职业教育进入加快构建现代职业教育体系、全面提高技能型人才培养质量的新阶段。加快发展现代职业教育,实现职业教育改革发展新跨越,对职业学校"双师型"教师队伍建设提出了更高的要求。为此,教育部明确提出,要以推动教师专业化为引领,以加强"双师型"教师队伍建设为重点,以创新制度和机制为动力,以完善培养培训体系为保障,以实施素质提高计划为抓手,统筹规划,突出重点,改革创新,狠抓落实,切实提升职业院校教师队伍整体素质和建设水平,加快建成一支师德高尚、素质优良、技艺精湛、结构合理、专兼结合的高素质专业化的"双师型"教师队伍,为建设具有中国特色、世界水平的现代职业教育体系提供强有力的师资保障。

目前,我国共有60余所高校正在开展职教师资培养,但由于教师培养标准的缺失和培养课程资源的匮乏,制约了"双师型"教师培养质量的提高。为完善教师培养标准和课程体系,教育部、财政部在"职业院校教师素质提高计划"框架内专门设置了职教师资培养资源开发项目,中央财政划拨1.5亿元,系统开发用于本科专业职教师资培养标准、培养方案、核心课程和特色教材等系列资源。其中,包括88个专业项目、12个资格考试制度开发等公共项目。该项目由42家开设职业技术师范专业的高等学校牵头,组织近千家科研院所、职业学校、行业企业共同研发,一大批专家学者、优秀校长、一线教师、企业工程技术人员参与其中。

经过三年的努力,培养资源开发项目取得了丰硕成果。一是开发了中等职业学校88个专业(类)职教师资本科培养资源项目,内容包括专业教师标准、专业教师培养标准、评价方案,以及一系列专业课程大纲、主干课程教材及数字化资源;二是取得了6项公共基础研究成果,内容包括职教师资培养模式、国际职教师资培养、教育理论课程、质量保障体系、教学资源中心建设和学习平台开发等;三是完成了18个专业大类职教师资资格标准及认证考试标准开发。上述成果,共计800多本正式出版物。总体来说,培养资源开发项目实现了高效益:形成了一大批资源,填补了相关标准和资源的空白;凝聚了一支研发队伍,强化了教师培养的"校—企—校"协同;引领了一批高校的教学改革,带动了"双师型"教师的专业化培养。

职教师资培养资源开发项目是支撑专业化培养的一项系统化、基础性工程,是加强职教教师培养培训一体化建设的关键环节,也是对职教师资培养培训基地教师专业化培养实践、教师教育研究能的系统检阅。自 2013 年项目立项开题以来,各项目承担单位、项目负责人及全体开发人员做了大量深入细致的工作,结合职教教师培养实践,研发出很多填补空白、体现科学性和前瞻性的成果,有力推进了"双师型"教师专门化培养向更深层次发展。同时,专家指导委员会的各位专家以及项目管理办公室的各位同志,克服了许多困难,按照两部对项目开发工作的总体要求,为实施项目管理、研发、检查等投入了大量时间和心血,也为各个项目提供了专业的咨询和指导,有力地保障了项目实施和成果质量。在此,我们一并表示衷心的感谢。

编写委员会

2016 年 3 月

序

根据《教育部 财政部关于实施职业院校教师素质提高计划的意见》（教职成〔2011〕14号）文件精神，在自主申报、学校推荐和教育部、财政部组织专家评审基础上，2013年浙江工业大学获批教育部、财政部"机械电子工程专业职教师资培养标准、培养方案、核心课程和特色教材开发"项目（立项编号：VTNE011），本项目属于"教育部、财政部职业院校教师素质提高计划培养资源开发项目"，是国家"十二五"职业院校教师素质提高计划的重要组成部分。

中等职业学校机械电子工程类专业主要包括机电技术应用、数控技术应用、机电设备安装与维修以及机电产品检测技术应用等。这些都是目前我国中等职业教育格局中开办学校最多、培养学生最众、服务行业企业最广的专业。作为项目负责人，我有幸与来自浙江工业大学、河北师范大学、新疆大学等承担机械电子工程类专业职教师资培养高校、部分国家级中等职业教育改革发展示范学校的名师及专业负责人、机械电子工程相关行业企业的专家和技术人员一起开展项目研究工作。项目具体的研究任务是：研究并制定中等职业学校机械电子工程类专业教师指导标准和培养标准、制定核心课程大纲、编写核心课程教材、开发教学资源库以及编制培养质量评价标准等。

项目于2012年申报、2013年教育部正式立项，项目组成员先后赴北京、天津、上海、广东、贵州、云南、四川、辽宁、吉林等地调研，经过了集中开题、中期检查和预验收等环节，并于2015年12月通过教育部、财政部组织的专家验收。整个项目研发过程历时3年，一千多个日日夜夜，大家虽然栉风沐雨，但依旧砥砺前行、同舟共济，按时完成各项研究任务并取得丰硕系列成果，项目组的各项工作在历次交流汇报和结题验收时均得到教育部专家组的一致好评。

作为项目的重要成果之一，本套丛书的系列核心教材包括《中职学校机电类专业教师教育导论》（杜学文、徐巧宁）、《工程图表达与识读》（潘浓芬）、《电气控制与驱动技术》（陈德生）、《"互联网＋教育"课程开发与实施》（顾容）、《评分规则的理论与技术》（邵朝友）和《职业学校机电类专业教学法研究与案例解析》（李真、楼飞燕）。六本系列教材虽涉及学科领域不同、各书作者自负文责，但是整体的编写体例和框架结构都充分考虑了中等职业学校专业课教师培养的特点与要求，同时兼顾本身内容的完整性和系统性。

借此丛书付梓之际，对原国家教委职教司刘来泉司长领衔，教育部职业教育中心研究所姜大源研究员、青岛科技大学张元利教授、广东省佛山市顺德区梁銶琚职业技术学校韩亚兰副校长、浙江农林大学沈希教授和教育部职业教育中心研究所吴全全研究员参加，同济大学王路炯博士担任秘书的专家组表示衷心的感谢！向其他给予项目开发工作指导的专家：教育部发展规划司郭春鸣副司长、教育部教师工作司教师发展处王克杰副处长、天津职业技术师范大学孟庆国教授、天津市科学技术协会卢双盈教授、河北师范大学职教学院院长刁哲军教授和天津职业技术师范大学李兴发副教授表示衷心的感谢！对教育部依托同济大学设立的项目管理办公室全体工作人员的辛勤工作表示衷心的感谢！对丛书系列核心教材编著者的辛勤劳动表示衷心的感谢！对参与丛书系列核心教材配套教学资源开发的硕士研究生们表示衷心的感谢！同时也请广大读者、同行研究者提出宝贵意见和建议，以便进一步修改，共同努力为国家培养出高素质、专业化的中等职业学校机械电子工程类专业教师。

顾　容

2018 年秋于古运河畔

致学习者

为什么要写这本书

课程能够集中体现教育思想和教育观念,是实施培养目标的施工蓝图,是组织教育教学活动的主要依据。在职业教育领域,职业教育课程无疑是最重要的也是最基本的研究对象。然而,职业教育至今仍是一个思想贫瘠的领域,职业教育课程的基础研究亟待加强。[①]

如果从职业课程的基本构成看,课程评价更是其中常被忽略的一个研究内容。这种忽略使得我们把目光更多地聚焦于学生到底学得怎么样,而遮蔽了评价与学习的丰富关系。平心而论,关注学生到底学得怎么样也能激励学生学习,例如给予学生一个等级,甚至在学生之间进行成绩排名,这样做并非一无是处。但是这些做法作用十分有限,有时甚至会削弱学生学习的动力,应该说并非长久之计。我们更需要关注如何联结评价与教学,如何通过评价促进学生学习。这是改进当前职业课程评价的重中之重,也是完善职业教育课程的核心环节。

要开启职业教育评价的破冰之旅,我们首先需要充分认识评价的目的与功能。课程评价,尤其是课堂评价,本应具有"形成性评价"的内涵。事实上,课堂评价对于学生的学习具有巨大的促进作用,它对于学生学业成就的作用超乎人们想象。1998 年,布莱克和威廉(P. Black & D. William)在综合 250 多项研究的基础上,得出这样的结论:众多教育报告显示,形成性评价是提高学生学业成就的最有效因素,其效应值高达 0.7。[②] 这是迄今为止所有教

[①] 徐国庆.职业教育课程论[M].上海:华东师范大学出版社,2013:前言.

[②] Black P,William D. Assessment and classroom learning[J]. Assessment in Education,1998,5(1):7-75.

育研究所发现的最大效果。虽然这项研究主要来自基础教育,但是我们认为,课堂评价对职业教育同样具有促进学生学习的重大作用。就实际情况而言,已有一些职业学校开始关注课堂评价,试图发挥课堂评价促进学习的功能。

但是,这并非靠一时的心血来潮就能完成的,我们需要对课堂评价做出有效的变革。当然,课堂评价变革不能只停留在理论层面,也要重视探讨关键的技术问题。这种探讨自然需要考虑职业教育的特征。从学习目标的角度看,职业教育的课程目标定位于培养学生的实践能力。这样的课程目标需要教师采用一些新的评价方法,特别是表现性评价或真实性评价。

无论对于表现性评价还是真实性评价,教师不仅要设计一个表现性任务或真实性任务,还要开发出一套具体、细致、可操作的评价标准。这样的评价标准不再是用来简单判断学生表现的对与错,更不是局限于甄别学生表现,而是用来帮助教师进一步明确教学目标,帮助学生理解学习目标,帮助学生通过自我评价、同伴互评来确定下一步努力的方向,激发出学生的学习动机,进而实现深度学习。

评分规则就是这样一种评价标准。国外的广泛实践表明,评分规则在教育领域已获得巨大的成功。当前我国职业教育领域也存在一些关于评价量规的研究与实践,这里的评价量规的实质就是本书关注的评分规则。客观地说,我国当前这些研究与实践对于评分规则还缺乏足够的重视,认识上还存在不少问题,即使部分教师开发出评分规则,但由于不够细致、操作性不强,严重制约了评分规则的使用效果。就此,本书将尽量展现关于评分规则的各个方面的内容,澄清一些关于评分规则的理解误区,以便使评分规则更好地服务于学生的学习。由此可见,评分规则并非只是简单的评价工具,实质上它是对学习目标的具体化,它为教学与评价提供清晰的目标,进而实现教学与评价的联结。评分规则看似为一种教学评价工具,实际上集中体现了课程教学的本质。因此,无论对于从事一线教学的职教教师还是正在接受职教师范教育的学生,评分规则都是一项重要的专业学习内容,学习评分规则有助于开展有效的课堂教学与评价。

这本书想与您分享什么

本书主要由6章构成,可粗略分为两大部分。第1、2、3章论述了评分规则的理论基础,第4、5、6章探讨了评分规则的实践应用。

第1章概述了评分规则的基本样貌。它分别论述了评分规则的含义与指向、类型与结构,以及评分规则对我国职业教育学生学习评价的意义。通过本章的阅读,读者将对评分规则有个直观整体的认识,进而为后续学习奠定必要的知识基础。

第2章则讨论了评分规则的理论背景。为了应对知识转型的时代现状,教育需要立足于培养学生解决问题的素养,而不是使其记忆大量的简单知识。建构主义学习理论表明,学习是在社会化情境中的个人建构,学习者必须承担起学习任务。在这样的学习理论背景下,教育评价的教育性得以彰显,使得教育评价取向从对学习的评价走向促进学习的评价。表现性评价是评价取向转换的重要体现,其体现了人们对走出工具理性式传统评价的期待,评分规则恰恰是表现性评价的重要组成。

第3章探讨了如何开发高质量的评分规则。在梳理了当前各种典型的评分规则开发程序后,接着探讨了一个问题:高质量的评分规则应具备什么特征? 本章从四个维度描述了高质量评分规则的特征,即基于目标、描述清晰、使用可行、关注公平。依据这样的认识,本章最后部分呈现了关于评分规则的元规则。

第4章聚焦于教师怎样应用评分规则评价学生的学习。本章首先从确定评分规则谈起,指出优先确定评分规则的必要性及其基本途径;接着探讨了表现性任务的研制,这主要从研制表现性任务的原则、流程、质量标准三个方面展开;然后从解释学生学习表现的定位与基于评分规则解释学生学习表现两个方面,剖析了如何解释学生的学习表现;最后从学习反馈的内在诉求与基于评分规则开展学习反馈两个方面,讨论了教师如何向学生提供学习反馈。

第5章讨论了学生深度参与课堂评价的两种重要方式——自我评价、同伴互评。自我评价部分指出:自我评价所需条件、评分规则对自我评价的作用有哪些;学生拥有了评分规则,还需要得到教师有关技能等方面的指导;设计自我评价方案需要考虑哪些因素。同伴互评部分指出:学生互评技能包括制订学习契约、确定评价标准、判断同伴表现、提供后续学习建议四项技能;无论是对于"确定评价标准"技能,还是"判断同伴表现"或"提供后续学习建议"技能,评分规则都是必不可少的工具;"制订学习契约"涉及有关社会学习方面的技能,判断学生是否进行了良好的合作、养成了相关的合作意识与技能,也需要一种契约性的评分规则;同伴互评需要教师的指导;设计同伴互评方案需要考虑的其他因素有哪些。

第6章的主题是关于如何应用评分规则开展等级评分。等级评分具有多重目的,不仅可用于评定学生等级,更需要用于促进学生学习,后者是课堂评价的主要目的。本章主要包括三方面内容,分别是等级评分的基本问题、评分规则分数转化为等级的思路与形式、评分规则分数转化为等级的建议。

在附录部分,我们给出了26个评分规则,期望为教师教学、评价提供切实的帮助。鉴于教学情境的差异,建议教师改编所选评分规则,使之更适合于自己的教学现场。

必须承认,企图通过一本书来把评分规则与课程教学的方方面面关联起来,实在是不容易做到的,希望读者不要这样来要求本书。坦白地讲,写作本书的念头缘于笔者多年的一线教学经验与课程教学专业的学习经历,它们提醒笔者评分规则可作为联结课程、教学、评价的有力武器,是提升教师专业实践的适切抓手。本书的使命就在于尽量揭示出这些关系,让

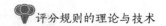

读者通过理解与应用评分规则形成关于课程教学的更为整体与宏大的观念。这是本书背后的真正思考起点。

我们坚信,本书介绍的这些内容将使得学生更明确自己的学习目标,让学生更积极地参与课堂评价,也让教师更智慧地开展评价。伴随课堂评价日益受到重视,越来越多的教师将不断地开发、应用评分规则于自己的课堂评价实践。这些专业实践过程就是教师专业发展的过程,也是促进学生学习的过程。这并非是一种空想,大量的研究与实践都已表明这是教育评价发展的方向之一,而评分规则恰恰是开展教育评价的有力工具。

致职教教师教育工作者

怎样用好这本书

如果您是一位职教教师教育工作者,您肯定知道用教材与教教材的区别。当使用本书时,请您千万不要一丝不苟地按照本书先后章节教这本书,而应该尽量按照自己的需要用这本书。在您自己的课堂上,您就是决定如何使用本书的最权威的发言者。

实际上,您完全可以根据教学现场的需要重新组织本书内容。例如,您可以先指导学生学习前面 3 章,再来学习后面 3 章。或者先指导学生学习第 1 章,再学习第 4、5、6 章,然后基于学生在学习后面 3 章时所产生的理论困惑,再来学习第 2、3 章。甚至您可以结合学生的兴趣和学习基础,选择各章内容以专题形式组织教学次序。总之,您的责任就是让学生想学、会学、学得有效。

怎样规划这门课程

作为教师,我们都知道制订课程计划的重要性。课程计划有不同的表达方式,在此笔者为您推荐规划课程所需的方案——"课程纲要"。或许您第一次听说"课程纲要"或对此不甚熟悉,因此笔者在此毛遂自荐地提供一份供您参考的"课程纲要"。

课程名称:评分规则的理论与技术

课时与学分:24 课时,1.5 个学分

教学对象:职业教师教育本科生

班级规模:30 人

教室要求:投影仪、可灵活组合的课桌椅

课程目标:(1)能掌握本书涉及的基本术语,并能运用一些重要的专业技能;(2)能把所

学知识应用于新的情境,分析、解决一些实际问题或形成自己的判断;(3)能尝试开发评分规则,设计促进学生学习的评价方案、促进学生自我评价与同伴互评的方案,并能学会基于评分规则开展学生等级评分;(4)在与同伴学习的过程中,体验合作、分享、互惠的教育意义。

成绩来源:(1)个人作业(25%)、小组作业(25%)、纸笔测试(20%);(2)课堂参与情况(30%)。

学习过程设计:

进度/课时	学习内容	学习目标	组织与实施
1/1	分享"课程纲要"	了解本课程的概貌与要求	讲授,通过提问了解学生掌握情况
2/2	第1章　评分规则概述	了解评分规则的基本内涵	讲授/课堂讨论(递交个人作业)
3/4	第2章　评分规则的理论背景	理解与评分规则相关的知识转型、学习理论、评价理论等背景	学生汇报1.5课时,教师讲授2.5课时。汇报内容为学生对评分规则的学习与评价理论的理解,汇报形式一般以演示文稿(PPT)呈现,教师与学生将对汇报内容进行评论(递交个人作业)
4/4	第3章　开发高质量的评分规则	理解评分规则的开发思路,并尝试研制出具有一定质量的案例	教师讲授1.5课时,学生汇报2.5课时。汇报内容为对评分规则开发思路的理解及开发方案的设计,教师与其他小组就此进行现场点评(递交小组作业)
5/4	第4章　应用评分规则开展改进学习的评价	理解应用评分规则促进学习的评价的基本思路,并尝试设计评价方案	教师讲授1课时,学生汇报3课时。要求小组汇报评价方案的设计,教师与其他小组做出点评(递交小组作业)
6/3	第5章　应用评分规则促进学生自评与互评	了解自我评价与同伴互评的基本知识,并能应用评分规则设计促进学生自我评价与同伴互评的方案	教师讲授1课时,学生汇报2课时。要求小组汇报各自方案,教师与其他小组做出点评(递交小组作业)
7/2	第6章　应用评分规则实行课堂等级评分	了解等级评分的基本问题,理解应用评分规则开展等级评分的形式与操作	教师讲授1课时,课堂讨论1课时(递交个人作业)

续表

进度/课时	学习内容	学习目标	组织与实施
8/1	课程整体回顾	形成课程目标的整体结构	学生分组报告课程目标的结构图,教师与学生一起开展点评活动
9/3	纸笔测试	完成纸笔测试题目	结合个人作业、小组作业、纸笔测试、个人课堂参与情况,评定个人最终等级

当然,如果您非常熟悉"课程纲要",您完全可以制定最符合您自身教学需要的"课程纲要"。

致所有关心职业教育的工作者

我们还需要做哪些努力

卓越的评价并非靠局部努力就能实现,而是需要系统的集体行动。在复杂的教育情境下,评分规则的开发、应用将遇到各种挑战。我们不能轻言放弃,而是勇敢直面挑战,一起努力实现评分规则的教育功能。

这首先需要提升各级职业学校领导者的评价素养。各级职业学校领导者的评价素养是评分规则的开发、应用的必要条件。如果缺乏这样的条件,评分规则就很难在实践层面得到支持。其次,地区教育专业机构与评价专家要加强对评分规则的研究,深入职业学校开展合作研究,承担起专业引领的作用,同时把合作产生的宝贵经验与其他学校分享。再者,各类职业学校需要建立各种保障机制,提高教师的评价素养,提供教师开发、应用评分规则的学校环境。最后,教师个人应认识到评分规则的价值,不断提升自身专业水平,把它应用于自身教学以实现其教育功能。

职业教育评价改革正日益成为关注重心,评分规则将是职业教育评价改革浪潮中的重要一员。让我们大家一起关注评分规则,关心职业教育评价,携手建设职业教育的评价文化,期待职业教育走向更美好的明天。

邵朝友于畅远楼

2017 年 12 月 7 日

Contents 目录

第1章　评分规则概述

 导读

　　什么是评分规则？如果你对核查表不感到陌生，或者比较熟悉一些类似于数学计算题的评分指南，那么你对评分规则的理解就具备了一定的知识基础。这是因为三者之间具有一定的共性，都是对学生表现的评价。但结构和内容的差异决定了三者在评价目的、目标与功能上存在很大差异。评分规则自身具备的特征使得其有别于前两者，它对于学生学习具有独特的作用。

　　本章始于一则评价案例，指出了传统评分工具核查表所存在的问题，即难以评价高阶的学习目标，很难充分发挥评价的促进学生学习的功能。要解决核查表存在的问题，我们有必要引进评分规则。那么，评分规则有何含义与指向？有何类型与结构？评分规则对我国职业教育学生评价有何重大意义？

【本章学习目标】

◉ 理解核查表用于评价学生学习的局限；

◉ 明确将评分规则引入学生学习评价的缘由；

◉ 熟悉评分规则的内涵与指向、类型与结构；

◉ 理解评分规则对我国职业教育学生评价的意义。

【本章内容导引】

◉ 从一则案例谈起

　一、案例：评价风波

　二、案例分析

◉评分规则的含义与指向

一、评分规则的含义

二、评分规则的指向

◉评分规则的类型与结构

一、评分规则的类型

(一)整体评分规则与分项评分规则

(二)通用评分规则与特定任务评分规则

二、评分规则的结构

◉评分规则对我国职业教育学生评价的意义

第1节 从一则案例谈起

一、案例:评价风波

近来李老师有点烦,每次睡前总会想起组里陈老师和林老师争论得面红耳赤的场景。事情是这样的:针对学生忽视实验技能的情况,开学初学校就宣布这个学期要加强对学生的实验技能的考查,并向教师们下发了评价表(见表1-1)。具体实施评价时,不但要求教师评价学生的学习,还要求学生对自己的学习进行自我评价。期末快到了,作为组长的李老师必须向学校上交有关学生实验考查的材料。

表 1-1 学生实验技能核查表

评价要素	等级			得分
	3分	2分	1分	
投入程度	全身心投入	能坚持到底	未坚持到底	
结论是否正确	完全正确	部分正确	不正确	
获取信息	迅速而正确	正确但不迅速	不够正确	
分析信息能力	正确、完整	较正确、完整	不够正确、完整	
合作、交流能力	能合作交流	埋头搞自己的	不接受他人帮助	

由于学生的实验成绩是与教师的期末奖金挂钩的，为慎重起见，李老师在教研组活动时要求各组员向大家汇报各自任教班级的评价情况。当林老师汇报后，陈老师发现和他同年段林老师的班级成绩（包括学生自我评价成绩）远远优于自己的班级成绩。由于是平行班，陈老师对林老师班的一些学生情况还是有点了解，因此他当场质问林老师有几个学生的成绩怎么会评得那么好？林老师到底是根据什么让他们得高分的？林老师反击说，你别看他们平时不怎么认真学习，但动手能力可强呢！作为组里的元老，陈老师没想到年轻的林老师会当面顶撞自己，便更加严厉地责问：你的评价尺度是不是太宽松了？这样你来我往，两人各不相让。面对这失控的场面，李老师只好出面调解，采取折中的办法，把陈老师班的成绩适当地上调，总算把这件事情暂时压下了。

 **练习 1-1**

在你看来，该案例中是什么引起了陈老师和林老师的冲突？

二、案例分析

从评价的角度看，之所以引起这样的冲突，其主要原因至少包括以下几方面：

第一，评价内容不全面。动手操作是实验技能关键的组成之一，但表 1-1 的评价要素并没有体现出实践操作的全面要求，如该表缺乏实验操作能力所包括的使用仪器的技能。如果教师在评价内容上事先没有达成共识，评分工作从一开始就埋下了争议的种子。

第二，评价结果的不一致。显然，引起陈老师与林老师冲突的直接原因是评价结果的巨大差异。由于评价结果指向一定的利益风险，自然每位老师都会很重视它。这种利益风险除了显性的奖金与考评结果，在很大程度上还隐藏着教师的专业话语权，如陈老师可能感到自己的专业地位受到挑战，在那种特定的场合发生冲突也就不足为怪了。

第三，核查表本身存在严重的局限性。如果再深入分析，就会发现背后的原因是本次评价活动所使用的核查表，它是引起冲突的"罪魁祸首"。评价工具的选择取决于评价的内容与目的，不同的评价工具有不同的适用范围。对于核查表而言，它对一些低阶知识的学习，如要求记忆的知识，进行终结性的评价是合适的，但对那些高阶的知识、技能的学习，如要求学生设计一个实验，往往需要学生综合运用知识和技能去解决，而且这类问题的答案往往可分为不同的层次、不同的策略、不同的解释水平和掌握水平，核查表是无能为力的。另一方面，由于核查表只是粗线条地规定评分的范围，其不同等第也没有规定具体的要求，这使得其不能为教师提供具体、明晰的评价标准。评价维度的模糊描述大大增加了教师在评分时

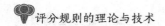

的随意性和主观性,使得评价者之间难以达成共识,评价结果难免不一致。

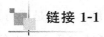　　**链接 1-1**

篮球技能核查表

　　_____右手原地运球:连续 15 次;

　　_____左手原地运球:连续 15 次;

　　_____行进间运球(左右手均可:连续 5 次);

　　_____罚球:5 个;

　　_____接球:5 个(左右手均可);

　　_____线外跳起投篮:3 个。

　　资料来源:阿特,麦克泰,等.课堂教学评分规则——用表现性评价准则提高学生成绩[M].国家基础教育课程改革"促进教师发展与学生成长的评价研究"项目组,译.北京:中国轻工业出版社,2005:5.

　　第四,学生自我评价能力的欠缺被忽视。学生自我评价能力是实施学生自我评价的前提。研究表明,学习优秀的学生趋向于过低评价自己的学习,而学习低劣的学生则往往过高评价自己的学习。[1] 为了有效地促进学生自评,必须向学生提供明确的评价标准[2],而且还要进行相关评价技能的训练。无疑,在上述事例中,学校并没有充分认识到这一点,所提供的核查表只能对学生表现做出简单的对或错的判断,不能发现学生学习存在的问题。从这个意义上讲,活动工具与活动初衷并不一致,弱化了评价对于学习的促进作用。

---

　　[1]　Segers M,Dochy F,Cascllar E. Optimising New Modes of Assessment:In Search of Qualities and Standards[M]. Dordrecht/Boston/London:Kluwer Academic Publishers,2003:61.

　　[2]　Chappuis S,Stiggins R J,Arter J,Chappuis J. Assessment for Learning:An Action Guide for School Leaders[M]. Portland:Assessment Training Institute,2005:62-65.

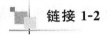

链接 1-2

表现性评价的评分工具类型

资料来源：Mertler C A. Designing Scoring Rubrics for Your Classroom［J］. Practical Assessment Research & Evaluation，2001（7）.

第 2 节　评分规则的含义与指向

一、评分规则的含义

为解决上述问题，我们有必要引进一种新的评价工具——评分规则。评分规则（scoring rubrics）的核心词是 rubrics，来源于 rubrica。rubrica 的原意为涂红之处或红色标志，指的是中世纪宗教用红色墨水笔书写的指导语或解说词。具体而言，在用于礼拜的文件中，有红色标志的赞美诗必须被唱，或有红色标志的某种宗教服务必须要被执行，而在法律文件中，法典的标题通常也用红色标明。后来，rubrics 被引申为简要、权威的准则。

由于考查的视角不同，不同的人对评分规则的界定并不一致，但人们大多从评分规则与教师教学、教学评价、学生学习的关系加以定义，表 1-2 呈现了几种典型的定义。

表 1-2　典型的评分规则定义

● 评分规则是由教师或评价者开发出的一种描述性的评分量表,其目的是为了分析学生学习结果,包括学习作品和学习过程。

● 评分规则是一种成文的准则,它对所有的评分点都做了说明和规定。最好的评分规则往往能体现出我们教师公认的课堂评价的实质,而且能对合格表现的组成要素提供很好的建议。它一般会伴有成果或表现的具体例子,以阐明量表上的不同评分点。

● 评分规则是相对核查表而言的,这种评分量表正式地规定了评分指南,它由事先建立的表现准则组成,常常在表现性评价中评估学生的作品。

● 评价必须包含准则,设计好的准则能为学生传达学习目标、预设的学习结果。评分规则的设置为教学提供了进行交流评价活动、事件、概念掌握或学习者目标的方式。

● 评分规则是一种评分工具,它包含评价作品的标准或所需的期望(如通常要从思想、组织、细节、语调和结构方面评价一篇写作作品);它详细地描述出各等级(从优到差)质量的标准。

转引自:邵朝友. 评分规则的开发与应用研究[D]. 上海:华东师范大学,2007:12.

上述定义在具体表述上似乎存在较大的差异,主要原因在于不同定义者的核心关注点存在着差异:有些关注评分规则的目的,有些强调评分规则的结构或特征,有些着重于评分规则的适用对象和范围。我们不尝试给评分规则下一个定义,但可根据上述研究总结出评分规则的一些核心特征:评分规则是一种评价工具;评分规则是对学生应当达成的目标的详细描述;评分规则应当提供表现程度或水平的描述;评分规则主要适用于对学生复杂表现和作品的评价;评分规则一般应事先公布;评分规则可以由专业人员开发,也可由教师自主开发;评分规则可用于教师教学,也可用于学生学习。

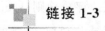 **链接 1-3**

关于评分规则的三种典型错误观点

● 认为评分规则针对的是评价任务,而不是学习目标;

● 认为评分规则只需罗列出等级或水平数目,而不是描述各等级或水平的要求;

● 认为评分规则只用来评价学生等级,而不是用于促进教师教学与学生学习。

资料来源:Brookhart S M. How to Create and Use Rubrics for Formative Assessment and Grading[M]. ASCD,2013.

 **练习 1-2**

请你就上述评分规则的核心特征说说你的理解。

二、评分规则的指向

知识具有不同的复杂程度,例如,一些简单的知识,认知要求为"记忆、复述",而另一些复杂的知识,认知要求为"解释、论证"。一般说来,核查表适合于前一类知识,而评分规则更适合于后一类知识。表 1-3[①] 列举了评分规则适用的表现类型。

表 1-3　适合于评分规则评价的表现类型

表现类型	相关例子
过程类学习目标,如: ● 物理技能 ● 使用器具 ● 口头交流 ● 工作习惯	● 演奏乐器 ● 做前滚翻 ● 准备显微镜幻灯片 ● 在班级上演讲 ● 大声阅读 ● 翻译外文 ● 独立操作
结果类学习目标,如: ● 制造器具 ● 撰写论文、报告等 ● 建构对概念理解的其他学术性产品	● 木制书架 ● 系列焊接点 ● 手工制造的围裙 ● 水彩画 ● 实验报告 ● 关于莎士比亚日的戏剧传统的学期论文 ● 关于马歇尔计划影响的书面分析 ● 模型的图表结构(原子、植物、行星系等) ● 概念图

---

① Brookhart S M. How to Create and Use Rubrics for Formative Assessment and Grading[M]. ASCD,2013.

显然,表 1-3 呈现的学习目标不能用传统的纸笔测验,如选择题或匹配题来评价。这些学习目标涉及问题解决、合作、自我反思的技能,用传统的评价方法则勉为其难,它需要新的评价方法。这种评价方法就包括表现性评价和真实性评价。

第3节　评分规则的类型与结构

一、评分规则的类型

一般而言,按照评价的方式与指向性,评分规则可分为:整体评分规则与分项评分规则;通用评分规则与特定任务评分规则。

(一)整体评分规则与分项评分规则

顾名思义,整体评分规则是从整体上对学生的不同表现水平的描述和评价,表 1-4[①] 是一个具体例子。

表 1-4　　数学数据分析的评分规则

姓名:_____　日期:_____

等级	描述
4	做出准确的估算;正确使用合适的数学公式;用图表得出富有逻辑的结论;合理地解释思考过程
3	较好地做出估算;使用合适的数学公式,只出现少量错误;用图表得出富有逻辑的结论;较好地解释思考过程
2	尝试做出估算,但结果并不准确;使用不合适的数学公式,但结果正确;没有利用图表得出结论;只做出少许的解释
1	做出不正确的估算;使用不合适的数学公式;没有得出与图表相关的结论;没有做出解释
0	没有做出反应,或没有尝试

分项评分规则要求对学生表现的不同维度分别进行评分,例如表 1-5[②] 从四个维度来评价学生的阅读水平。

---

① Mertler C A. Designing Scoring Rubrics for Your Classroom[J]. Practical Assessment Research & Evaluation,2001(7).

② 闫寒冰. 信息化教学评价——量规实用工具[M]. 北京:教育科学出版社,2003:105.

表1-5 个人表达写作评分规则

评价项目	4	3	2	1
发展	作者自始至终地将观点发展完成	作者努力要将观点发展完善，但效果不是很好	作者努力要将观点发展完善，但效果不好	作者没有将观点发展完善
组织	作者有目的地安排各个内容的顺序	作者较有目的地安排各个内容的顺序	作者安排了各个内容的顺序，但在各个片段之间有中断	作者几乎没有安排各个内容的顺序
关注读者	作者成功地预想并回答了读者的问题	作者努力预想并回答了读者的问题	作者试图预想并回答读者的问题，但不成功	作者没有预想读者的问题
语言	作者一直在精心地措辞以润色文章，并采用合适的语气	作者基本上是在精心地措辞以润色文章，并采用合适的语气	作者偶尔会精心地措辞，并采用合适的语气	没有认真措辞，语句粗糙

练习 1-3

请对比整体评分规则与分项评分规则的差异，思考哪一种评分规则对于学生学习更有价值？学习第3章内容后，请重新完成该任务。

(二)通用评分规则与特定任务评分规则

依据评价的指向性/范围，评分规则又可分为通用评分规则（generic rubric）和特定任务评分规则（task-specific rubric）。

通用评分规则在相似的任务中通用，这些评价任务尽管有不同内容，但考查的目标是一样的，如表1-5的分项评分规则可使用于不同年级的所有类型的个人写作评价。特定任务评分规则只能应用某种特定任务，如表1-6[①]后所附的整体评分规则只适用于学生奥运会的任务。

任务：孩子们观看了电视上的奥运会节目后，决定举办他们自己的奥运会。他们决定设立3个比赛项目——投掷飞盘、举重、50米跑。他们希望3个比赛项目占有相同的分值比

① 阿特，麦克泰，等. 课堂教学评分规则——用表现性评价准则提高学生成绩[M]. 国家基础教育课程改革"促进教师发展与学生成长的评价研究"项目组，译. 北京：中国轻工业出版社，2005：26.

重。孩子们在各项比赛中的成绩如表 1-6 所示。

表 1-6　学生奥运会的比赛项目及成绩

选手	投掷飞盘	举重	50 米跑
乔	40 码	205 磅	9.5 秒
乔斯	30 码	170 磅	8.0 秒
基姆	45 码	130 磅	9.0 秒
莎拉	28 码	120 磅	7.6 秒
扎比	48 码	140 磅	8.3 秒

注:1 码＝0.9144 米,1 磅＝0.4536 千克。

问题:(a)谁是最后的总冠军？(b)请详细地解释你决定谁是总冠军的依据。

评分规则:

4＝正确对孩子们在各项赛事上的成绩进行排名;指出扎比是总冠军;

3＝试着排名,但赛跑项目的排名有误,没有指出谁是真正的胜利者;

2＝指出总冠军或认为是平局,可以看出,评定者对解决数量比较的问题有所欠缺;

1＝用无关、非量化的解释或者根本不解释,只是指出一个总冠军;

0＝不回答。

需要引起注意的是,从不同的划分角度看,每个评分规则都具有"双重身份",如一个整体评分规则,它可能是通用评分规则或特定任务评分规则。

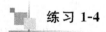
练习 1-4

请对比通用评分规则与特定任务评分规则的差异,思考哪一种评分规则对于学生学习更有价值？学习第 3 章内容后,请重新完成该任务。

二、评分规则的结构

一般说来,评分规则的基本结构包括——评估目标、评估目标的各子要素、等级、每个子要素在不同等级中的描述语,以及附加的学生作品。为了便于说明,我们不妨对照表 1-4,从中可发现评分规则的结构。

等级或水平:有 4、3、2、1、0,或高、中、低等表达形式。需要指出的是,等级或水平未必是连续设置的,如链接 1-6 的"4"与"2"并没有列出具体的学生写作水平。这是因为量表本身并不能罗列出所有的学生表现水平。事实上,有些学生的表现水平并不能单纯地被列进某个等级,具体评价时,评价者心里却清楚学生达到的水平。这也在一定程度上避免了评价太刚性化。

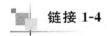

链接 1-4

表现水平或评分点的不同表现形式

表现水平或评分点可以是连续的也可以是间断的。水平连续主要是指评分水平以数字呈现时,代表不同水平的数字是连续的,如"5""4""3""2""1"。水平间断则代表不同水平的数字是跳跃的,如"5""3""1",一般说来这些间断的数字之间是等距的,不会出现"7""5""4""3""1"这种情况。实践中还会出现折半水平等级,下表是一个典型样例:

4.0 分		
	3.5 分	
3.0 分		
	2.5 分	
2.0 分		
	1.5 分	
1.0 分		
	0.5 分	
0.0 分		

资料来源:罗伯特·J.马扎诺.有效的课堂评价手册[M].邓妍妍,彭春艳,译.北京:教育科学出版社,2009:56.

描述语:如"3"对应的描述语为"做出准确的估算;正确使用合适的数学公式;用图表得出富有逻辑的结论;合理地解释思考过程"。一般情况下,评分规则应尽量为各种水平提供描述语,但实践中存在一些所谓的"评分规则",它们往往只罗列出标准要求,然后罗列几种水平等级,具体评价时需要评价者自己做出更多判断,使得评分具有更强的主观性。例如链接 1-5 中的评价表,它实质上已非常接近评分规则类型了,如果把"好""中""差"加以详细描述,就可以成为一个比较完善的评分规则。

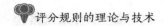
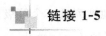 链接 1-5

网络协作学习小组绩效"评分规则"

评价元素		标准描述	好	中	差
一般特征	归属感	网络小组成员间能互相欣赏,彼此满意,都能建立起有助于个人发展的成员友谊;小组具有凝聚力			
	信任感	网络小组成员之间能相互信任、相互影响;成员对小组有安全感和信任感;成员在小组中都能畅所欲言			
	互惠感	网络小组成员能够相互受益,彼此强化,共享价值观念			
	分享感	网络小组成员能超越时空和心理的阻碍,不仅与组内、组间还与组外的学习伙伴分享学习的体验结果			
过程特征	目标管理	能根据总体目标及成员特征设定网络协作小组学习目标;小组目标合理、明确、科学,具有可操作性			
	成员管理	能根据小组目标及成员特征进行分工;小组分工合理,成员职责明晰;小组有自己的成员激励措施与管理办法;个别成员的行为出现偏差时能对其进行有效调控;能维持成员间良好的合作关系			
	任务管理	能根据小组目标及成员特征选择恰切的学习任务;能选择和组织激发成员兴趣、提高向心力的学习活动;能依据具体任务,寻求各方面资源支持,实现自我更新;在学习过程中能依据各方反馈及时调整小组目标和行为			
	时间管理	能依据实际情况安排和分配时间;科学、合理、有效地使用时间;在单位时间内完成相应的学习任务			
小组学习成果		能积极有效地履行网络小组的职责、完成所分配的任务;达成事先设立的学习目标;取得相应的学习成果			

资料来源:钟志贤,曹东云.网络协作学习评价量规的开发[J].中国电化教育,2014(12).

　　学生作品:虽然表 1-4 没有呈现出学生作品,但是学生作品值得呈现,这是因为学生作品本身就是达到某种水平的表现,这些看得见、摸得着的例子能很好地为教师或学生提供达到某个维度或整体学习目标各个水平的参考依据。如下述的链接 1-6 中,依据相应的评分规则,学生作品在各个维度上达到的表现水平均为"5"等级。此外,对不同表现的描述是运用语言的过程,由于不同的读者对同一话语的解读结果可能是不同的,而作品更具"事实"特征,从而有助于教师、学生一致地理解评分规则,也使得评价信度得以提高。

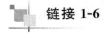 **链接 1-6**

一份学生英文写作作品及相应的评分规则

Traveling

Have you ever complained that you are fed up with your life? Have you ever wanted to relax yourselves? If you answers are "Yes", why don't you try to travel?

Traveling is becoming more and more popular now. It's a pleasure way for us to enjoy our life. Everyone has his favorite place which he has never been to. If he travels there, he may get much more than he thinks.

When we are free, we can go traveling to enjoy the beauty of nature. The scenery is so pretty that it can make us forget anything unhappy. We'll feel comfortable and be taught how to relax ourselves. Traveling can not only bring us happiness but also give us much knowledge. When you visit a place, everything that you have seen and heard will make your world more interesting and more exciting.

Also you will make lots of friends during your trip if you're friendly to others. You can help each other and you won't be lonely any more.

What do you feel after the journey then? I'm sure you'll find that you're happier, because you have a beautiful memory in your life.

英语写作六要素评分规则

评分要素	5	4	3	2	1	得分
思想性	有意义,有主题;有生活经验为依据;内容翔实具体,提供了重要信息,或者写法有新意		主题不是很明确,观点平实;内容具体,但支持信息不够充分		缺乏主题;思路混乱;无具体内容	
用词	词句精彩;用词精确、丰富,但不烦冗;使用了简洁的语言		个别词句错误;用词基本正确,但无特色		选词普通,多次用词错误;句式单一,有严重语法错误	

续表

评分要素	5	4	3	2	1	得分
组织性	开头引人入胜,结尾结束自然;结构合理,线索清晰,有逻辑顺序;内容不重复		篇章结构基本合理,但部分衔接不自然;少量语句间出现逻辑性错误		全文缺乏逻辑,不知所云;只有极个别语句之间有逻辑性	
语句流畅性	语句流畅,句子紧凑一致;句式多变,长短句结合;句意清晰易懂		语句基本流畅,但不生动;句式单一,个别地方有句型变化		语句基本不流畅	
写作风格	文章整体风格统一;有自己的风格和特色;让读者有所感,有所悟		文中有几处行文口语化但总体而言文章体现出个人风格		根本没体现出个人写作风格	
写作常规	页面整洁;写作常规使用恰当而正确,表达清楚;注意了拼写、标点符号、语法、大小写		写作常规基本正确;拼写、语法和用法、段落、大小写、标点符号有部分错误		拼写、语法和用法、段落、大小写、标点符号有大量错误	

资料来源:邵朝友,周明.英语写作评分的分析性框架[J].中小学英语教学与研究,2005(12).

第4节　评分规则对我国职业教育学生评价的意义

从上述分析中可以看出,评分规则的等级水平、描述语、学生作品描述了学生达到学习目标不同水平的特征,规定了更具体的要求,它通过预先设定标准,为学生、教师评价提供了一种标准参照。它结合了定量评价和定性评价,能解决基于标准评价中的一个难题——对书面或口头陈述,图表或模型,学生知识、应用技能与操作能力等行为表现进行评价。其描述性标准可作为评估、评定学业水平等级与判断学生学业表现的指南,从而使得评价更可靠和客观。具体而言,评分规则的意义至少包括如下几个方面:

第一,能帮助教师与学生界定何谓"高质量的学习",帮助学生理解学习目标。评分规则让教学与学习、测验与考试更加基于学习目标。如果这些学习目标来自国家课程标准或其他规定,则可保证国家课程标准或其他规定的真正执行,确保教育质量的卓越。传统的教学与评价中,学习目标往往为教师专用,而学生并不知晓。即使一些教师会给予学生有关学习目标的信息,但这些信息大多显得笼统,还不够具体清晰。这难免造成学生在学习时缺乏方向指引。评分规则,特别是分项评分规则,不但具体地描述了学习目标,还十分详细地呈现了不同维度的表现要求。一旦学生得到评价任务的评分规则,也就明确了评价任务的要求。

第二,实现"基于标准(目标)的学习"与评价标准的共享。由于评价标准的公开,学生有了充分了解学习目标的机会,他们在日常学习中就不会单单关注作为评价代言人的教师,而把关注点集中于学习目标本身。另一方面,评分规则的公开在相当程度上分解了评价特权,由以前的评价者群体独享评价标准的开发与解释权,转向评价标准公开化、共享化,学生、家长、社区人员均可提前了解评价标准,从而使得评价更公开、公正。

第三,有效拓展了评价主体范畴,极大丰富了评价维度。由教师作为唯一评价者权威,转向教师评价、学生自我评价、同伴互评的多元评价主体;由传统的局限于封闭式纸笔测验的学习结果(主要是基础知识与基本技能)考查,扩展到兼容并包学习者学习行为在内的全面开放性评价,从而给学生学习评价打开了一个崭新的窗口。

第四,淡化了评价的甄别性功能,强化评价对学习的促进效果与对学生发展的支持作用。评分规则采用的等级评定方法其实就是一种标准参照方法。等级评定方法淡化了学习者的个体差异,弱化了评价的筛选功能,体现了评分规则的促进学习的评价这一基本功能定位。

第五,提高了评价的一致性。由于评分规则具有明确的评分维度或要素、对各等级的详细描述和具体的表现案例,因此评分规则不仅可以指出学生复杂学习方面的标准成分,还能帮助教师避免对学生学习评价的主观性。一些表现性任务,如实验操作,由于学生表现含有不同的水平,教师很难对其做出简单的对错判断。如果一个教师、教研组,或者一个学区使用一套通用评分规则,评分的信度将能得到极大的提高。确切地说,评分规则不但为教师指出了评分要点,减轻了教师评分工作量,也使得评价结果具有一致性。除了这种技术上的优势,评分规则也同时在评价结果上为所有学生提供了公正的机会和可能。

第六,帮助教师改进教学。高质量的评分规则能帮助教师反思许多问题,如教学的期望目标是什么？什么是学生良好的表现？我想完成什么教学任务？什么样的反馈能提高学生成绩？我的教学有效吗？根据评分规则评定的信息,教师可较好地发现学生的学习问题和自身教学存在的问题。在此基础上,教师可以重新计划教学,改变教学的进度和方法。例如为学生提供及时的反馈建议,或者改进自己教学上的不当之处。

第七,促进教师专业发展,确保了基于标准(目标)评价的实施。教师专业发展的途径有很多,通过评分规则的开发是其中一条有效的途径。这是由于在评分规则的开发过程中,教师必须认真解读学习目标或课程标准,只有在准确把握它们的基础上,并结合学生的实际表现特征,才能开发出合理、科学的评分规则。同时,开发、应用评分规则的过程,也是不断提高教师评价素养的过程。毫无疑问,开发的过程就是教师专业成长的过程,也为基于标准(目标)的评价提供技术支持。

第八,促进学生自我评价与同伴互评,提高学生反思的深度。在以往,虽然也提倡学生的自我评价与同伴互评,但常常忽视了它们所需的一个重要前提,那就是学生要具有评价能力。要有效地促进学生自我评价、同伴互评,一种可行的办法是向学生提供目标清晰的评分规则。由于评分规则具有目标引导作用,学生的自我评价、同伴互评也就具有了指向性,它能很好地弥补学生自我评价、同伴互评能力的不足。

第九,应用于学生学业成就报告,帮助家长等人了解学生的学习。教师、学生、家长之间的交流以信息为载体,有效的交流需要全面详细的信息。评分规则含有清晰的描述性信息,它为教师、学生、家长之间的交流提供了可能。相比传统的学业成就报告形式,评分规则具有独特的优势:评分规则有利于向学生学习利益相关者提供判断学生学业水平的依据、有利于利益相关者主动地了解学生学习改进的方向、有利于减轻教师一些不必要的工作负担。[①]正因为如此,评分规则正引起教师的关注,逐渐被教师应用于学生学业成就报告。

练习 1-5

请你用概念图的形式总结本章内容。

进一步阅读的资料

1. 阿特,麦克泰,等. 课堂教学评分规则——用表现性评价准则提高学生成绩[M]. 国家基础教育课程改革"促进教师发展与学生成长的评价研究"项目组,译. 北京:中国轻工业出版社,2005.

2. Andrade H G. Understanding Rubrics[J]. Educational Leadership,1996(54).

3. 斯蒂金斯. 促进学习的学生参与式课堂评价[M]. 国家基础教育课程改革"促进教师发展与学生成长的评价研究"项目组,译. 北京:中国轻工业出版社,2005.

4. Brookhart S M. How to Create and Use Rubrics for Formative Assessment and Grading [M]. Association for Supervision and Curriculum Development,Alexandria, Virginia USA,2013.

5. 威金斯. 教育性评价[M]. 国家基础教育课程改革"促进教师发展与学生成长的评价研究"项目组,译. 北京:中国轻工业出版社,2005.

---

① 周雁南,邵朝友. 一种有效的学生学业成就报告形式:评分规则[J]. 当代教育科学,2007(12).

第 2 章　评分规则的理论背景

 导读

在第一章里,我们更多地从事实判断的角度回答了评分规则是什么,但要更好地了解评分规则,有必要探讨与评分规则密切相关的理论。本章的任务就是从知识论、学习理论、评价理论三个层面来探讨评分规则的理论背景。

作为一种评分工具,评分规则的提出有其深厚的理论背景,它承载着一定的价值观与理念。在阅读过程中,我们将会发现各种理论的发展脉络,不同理论之间的紧密关系,尤其是不同理论之间所呈现的出高度一致的内在联系。

【本章学习目标】

◉ 了解知识转型的内涵及其对教育的冲击;

◉ 了解学习理论的发展历程,理解建构主义的学习观;

◉ 理解学习理论对教育评价的影响,教育评价范式的转换;

◉ 理解教育评价范式转换中表现性评价、考试伦理的内涵。

【本章内容导引】

◉ 走向转型的知识

　一、知识转型的表征

　(一)知识增长方式的转变

　(二)知识性质认识的转变

　二、知识转型对教育的冲击

◉走向建构的学习

◉走向教育性评价

第1节 走向转型的知识

一、知识转型的表征

伴随人类社会的发展,人类知识[①]发展也处于转型之中。知识增长方式与知识性质认识的转变是这种知识转型的两大具体表现。

(一)知识增长方式的转变

在增长方式上,知识的增长并非是线性的,特别是自第二次世界大战以后,科技的发展和各种新旧知识的组合,使得知识急剧地增加,人类社会进入知识爆炸的时代。

---

① 这里的知识指的是认识论角度的广义知识,可分为显性知识与默会知识。而从心理学的观点看,知识可分为陈述性知识与程序性知识等。本书其余部分出现的知识,读者可依据具体情境对其内涵做出判断。

　　所谓知识爆炸,是人们对当前大量出现的各种知识现象所进行的描述。人类创造的知识,尤其是自然科学知识,在短时期内以极高的速度增长起来。这种知识的发展趋势不仅表现为与科技或计算机科学有关的新科学不断出现,也表现为传统学科知识边界的不断扩展。而随着网络与媒体的发展,许多知识几乎随处可得,耳可以听到,眼可以看到,手可以摸到。可以说,这次知识爆炸,无论是广度或深度都大大地超过了历史上任何一次知识的进步,同时也为人们获取知识提供了众多渠道。

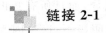　链接 2-1

知识增长方式的改变

　　以公元 1 世纪知识基数为 1,那么到 1750 年才能增长 1 倍;1750 至 1900 年,150 年增长 1 倍;1900 至 1950 年,增长 1 倍需要 50 年;20 世纪 50—60 年代,每增长 1 倍需要 10 年;70—80 年代,每增长 1 倍需要 7 年;从 1993 至 2003 年,人类知识总量较过去翻一番;2004 至 2010 年的 7 年内,将出现爆炸性的知识大突破;2011 至 2020 年内,知识将比现在增长 3 至 4 倍;从现在到未来的 30 年内,世界的科技发明将超过 2000 年的总和。

　　资料来源:《书刊文摘导报》,1993 年 9 月 30 日。

(二)知识性质认识的转变

　　除了知识增长方式的改变,知识转型还表现为人们对知识性质认识的改变。长期以来,知识被认为是绝对客观的。如果从人类文明的进化来考查,就不难发现该观点有失偏颇。人类几千年的文明演化也就是知识不断积累、发展的过程。以科学发展为例,在物理学科中,从托勒密的"地心说"到哥白尼的"日心说",从牛顿的"经典力学"到爱因斯坦的"相对论",一部科学史就生动地描述了科学知识不断被解构、重构的历程。有学者指出,由于人们根本就不可能获得完全证实或证明的知识,所有的知识都是一种"暂时的"理论,都是对现有问题的"猜测性解释",因此都是有待进一步检验和反驳的,或者说向进一步检验和反驳开放的。所以根本就不存在建立在确定性基础上的知识进化和积累,有的只是猜想和反驳,其中"混杂着我们的错误、我们的偏见、我们的梦想、我们的希望"。[①] 换言之,知识不是对现实纯

---

　　① Poper K R. Conjectures and Refutations[M]. London & Herdy: Routledge and Kegan Paul, 1963: 30.

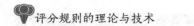
粹客观的反映,不是对现实绝对正确的表征,它只不过是人们对现实世界的一种解释或假设。它不是问题的最终答案,必将随着人们认识程度的深化而不断地变革、升华和改造,并随之出现新的解释和假设。

从传统知识的客观性不难看出知识的中立性,其要求是作为认识对象的实在的"非人格性"。但认识对象是主体和社会所建构的,自然反映出主体和社会的价值取向与文化偏好。事实上,知识的性质不可避免地受到其所在文化传统和文化模式的制约,与一定文化体系中的价值观念、生活方式、语言符号乃至人生信仰都不可分割,而所有这些涉及了价值因素,表明知识的生产受着社会价值需要指引。实际上,不仅所有知识受价值引导,而且所有知识本身是体现一定价值要求的。这一点对于社会知识和人文知识来说是最明显不过了,因为在社会和人文知识领域中,根本就不存在纯粹的事实,有的只是由价值建构的事实;也根本不存在纯粹的观察,有的只是在一定价值立场指导下的观察;也根本不存在价值中立的陈述语言,有的只是在一定历史文化中形成的独特概念和范畴。①

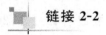
链接 2-2

知识性质的认识

古老的原则认为,知识的获得与心灵的教化是分不开的。在今天这条原则已经过时,而且将来会更加陈腐。知识供应者与知识使用者之间的关系,以及他们与所供应和使用的知识之间的关系,现正倾向于而且越来越会倾向于采用商品生产者和商品消费者之间的关系,以及他们与所生产和消费的商品的关系已经采用的形式,即价值形式……知识不再是自身的目的。

资料来源:Lyotard J F. The post-modern condition:a report on knowledge[M].London:Manchester University Press,1984:4-5.

二、知识转型对教育的冲击

知识的增长方式全面而深刻地影响社会的发展,特别是对教育需要培养何种人才的观点产生巨大影响。自19世纪工业革命以来,工业化要求资本主义社会为它的规模化、批量化、标准化生产提供大量的专业性人才,从工程师、技工到流水线上的工人,无一例外。人们

---

① 石中英.知识转型与教育改革[M].北京:教育科学出版社,2001:157.

不需要他们有多学科知识及在交叉学科基础上建立起来的创造性能力。因为工业社会需要标准化和按照工序分工,所以个人只要在某一方面掌握了一种技能就够了。这种人才观自然也影响到学校的教育目的。标准化测试是工业社会的特有现象,它评价的是学生是否具有工业社会所需要的知识与技能,而这些知识与技能往往是低阶的认知要求,如记忆、复述等。

科学的发展促使社会形态发生变化,特别是信息技术改变了人类的生产方式,这就是所谓的从工业社会向后工业社会转变,从由机器为主要生产资本的社会转变到以高科技为主要资本的知识经济社会,从由流水线制约的有高度纪律性的社会转变到由信息的生产和处理所牵引的以灵活生产为特征的信息社会。在全球化进程日益加深和知识经济降临的时代,有差异的思想和知识创新成为经济发展的动力。如果说工业经济需要纪律,那么知识经济需要有差异的创造力。在一个以创新为主要特征的社会,我们正从变化速度非常缓慢的稳态社会转变成为急剧变化的动态发展社会。

在这样的社会,新的需要越来越多,新的问题不断涌现,而满足需要的方法引出新的需要,解决问题的方法引出更多的问题。因而,我们最需要的人才不再是在流水线上按部就班、一丝不苟地完成自己工序的人,而是更多的能够根据实际情况灵活解决问题的人。同时,在知识经济时代,知识更新越来越快,产品更新换代也越来越快,职业结构变化的速度也越来越快,以后人终其一生只从事单一职业的状况已经非常稀少,不断变换职业将成为常态。现在,对职业教育来说,重要的是培养学生终身学习的兴趣和方法。学习兴趣就是了解所有无知领域的愿望。只在已有的知识领域探索,已不能适应社会的要求;只有不断学习,特别是获取新鲜的知识,不断改变学习领域,才能在瞬息万变的社会中立于不败之地。

与此同时,知识性质认识的转变,也对教育产生深刻影响。由于知识的相对性与价值性特征,它自然要求教学不能把知识作为纯粹的客观知识进行灌输,学生的学习需要一个探究的过程,更重要的是在探究学习的过程中培养学生勇于质疑、敢于挑战权威的批判性思维与精神。知识的相对性与价值性的确立,自然对教育提出众多挑战:我们如何面对形形色色的知识,如何选择需要的教学知识、怎样开展教学与评价。要解决这些问题,教育系统必须以适切的方式培养学生相应的能力。

第 2 节　走向建构的学习

一、学习理论的发展

学习理论是实施教学、评价的科学基础,综观学习理论的发展脉络,不难发现其经历三个重要阶段,即行为主义、认知主义、建构主义。

在20世纪早期,源于科学领域的社会效率运动广为流传,被大量应用于工业化管理与城市化管理。根据泰罗(F. W. Taylor)的观点,效率就是科学,科学管理即是为了提高生产效率而对人及其工作加以有效控制。要提高工作效率,一个关键是提高每个岗位工人的生产效率,而通过分解熟练工人的工作过程而得的细小操作单位,则成为每个岗位的工作与标准。① 根据社会效率理论,科学化管理能最大化提高工厂的工作效率,它同样也可以运用于培训职业教育的学生。在当时社会背景下,人们认为学习具有基本构成单位(building block),教学内容被认为应按照小步骤加以操作,而每项技能需达到的水平应配置精确的测量标准。考虑到每项职业包括众多技能,教师不可能教学生每项技能,因此必须科学地测量学生的潜在能力(ability)。这种潜在能力的假设源于古老的理性主义哲学传统,柏拉图(Plato)就断定,知识是个体的一种本能,超然的沉思是把握实在的最好路径,在事物背后有个永恒的真理。② 既然假设学生具有某种潜在的能力,那么其科学测量的结果就可以用来预测学生将来的工作角色,进而确定谁将最胜任某个工作岗位。

此后,经由众多学者的努力,行为主义出现在学习心理学领域。行为主义指出,人的思维是个黑箱,但大脑对于刺激的反应是可被定量观察的,学习是刺激—反应联结的积累。就此,斯金纳(B. F. Skinner)曾做过生动说明:任何领域专长的习得都必须先把它分解为大量的小步骤内容,所施加的强化必须视完成每个小步骤的内容而定。通过把具有逻辑关系的步骤的尽量分解,强化的频次能增加至最大,可能的错误结果被减低至最小。③

然而行为主义无法回答以下问题:除了外界的刺激和强化,学习者内部心理是如何发生变化的? 学习者只是被动地接受知识与技能吗? 为什么很多学习发生于特定的社会或文化背景下? 一些高阶的知识和技能为什么很难通过刺激—反应模式来实现? 鉴于此,认知主义与建构主义重新概念化了人类的学习观念。

当代认知主义建立于一个古老信仰上——即任何学习都要求学习者通过积极建构,搞懂其试图学习的事物的意义,学习才更容易发生。在认知主义中的信息加工模型看来,学习过程一般需要经历三个阶段:首先通过有意识的加工,选择性地注意环境中的某个方面;接着运用原有知识积极加工输入信息,进而产生个人的理解;最后形成结构化的知识以便使之

---

① 张华,钟启泉.课程与教学论[M].上海:上海教育出版社,2000:2.
② 徐献军.具身认知论——现象学在认知科学研究范式转型中的作用[M].杭州:浙江大学出版社,2009:40.
③ Skinner B F. The science of learning and the art of teaching[J]. Harvard Educational Review,1954(24).

储存于长时记忆中。① 这样的学习历程告诉我们：学习是种积极的心智加工和意义产生的过程；先前的知识和观点可能促进或阻碍新的学习；智慧的思维包括自我管理，具备何时、如何应用技能的意识；发展特定领域的专长需要一致地思考、表征问题，而不是信息的积累；深度的理解非常重要，它有助于学习迁移。

认知主义超越了行为主义，但是从知识习得与建构或学习发生的场景看，它更多关注于个体学习者内部的逻辑思维加工过程，而对学习环境对个体学习与成长的作用缺乏足够的重视；同时，从学习过程中涉及的策略或影响因子来看，认知主义尽管注重了学习策略的研究，但对学习者的元认知学习策略与元认知能力的关注不够，对学习者在学习过程中的内在批判性反思过程缺乏足够认识。

在皮亚杰（J. Piaget）、布鲁纳（J. S. Brune）、加涅（R. M. Gagne）、维果茨基（L. S. Vygotsky）等人成果的基础上发展而来的建构主义学习理论，更强调了学习者与学习情境的互动、与学习同伴的互动、对解答方法的价值反思，这三者都拓展、超越了认知主义。

建构主义基本可以分为三大流派，即个人建构主义、激进建构主义与社会建构主义，它们在教育领域内分别有着相应的代言人，也形成了相应的教育流派，这些流派基于不同的哲学与社会学理论对知识与学习提出了各自看法。

个人建构主义与激进建构主义在根本立场上是一致的，都认为知识是个人主动建构的结果。但激进建构主义作为一种略带极端色彩的哲学主张，为表明与长期占统治地位的客观主义认识论的根本决裂，在凸显个体主动性与强调建构能力方面走得更远些。针对个人习得的知识是通过理性思维而获得的、与客观世界相符合的这一观点，激进建构主义者虽然并不否认客观世界的真实性，但他们认为个体知识并非对客观世界的摹写，而是由个体内在的心理建构组成的，学习者并非只是对客观世界被动接受，而是主动地建构那些具有个人意义的知识。但激进建构主义并不否认个体对知识的主动建构是在一定的社会情境中进行的，正是在这个基本点上，它与社会建构主义交汇了。社会建构主义是带着对前两者修正的姿态出现的，与过分强调个体的建构不同，它更强调在主体间性基础上的合作建构。

二、建构主义对学习的理解

前述三种建构主义均有其合理性与局限性，但各派别的建构主义学习观在以下几点都达成共识：强调复杂学习环境和真实任务；强调社会协商和相互作用；强调应用多种方式表

① Atkins M, Beattie J, Dockrell B. Assessment Issues in Higher Education [R]. University of Newcastle, 1993.

征教学内容;强调理解知识建构过程;强调围绕学生开展教学。[①]

(一)强调复杂学习环境和真实任务

应该教给学生基本知识技能还是问题解决能力?建构主义更趋向于选择后者,认为应鼓励学生面对复杂问题,其中包含"含糊的"和结构不良的问题,例如提出解决能源危机与环境污染的方案。因为学校之外的世界很少会有只需要基本技能和按部就班就能解决问题,所以学校应确保每个学生经历解决复杂问题的过程。复杂问题并不只是难题,复杂问题有许多部分,问题中包含多重的相互作用成分和多重可能的解答办法,没有得出结论的唯一正确答案,而且每个解答办法又可能带出新问题。这些复杂问题应包含在学生将其所学知识运用到现实世界的真实任务与活动以及多种情境之中。学生在面对这些复杂任务时,可能需要支持,求助所需资源,保持前进的方向,将大的问题分解成小的问题,如此等等。

(二)强调社会协商和相互作用

学习不仅发生于学习者内部,也发生于社会文化之中。许多建构主义者赞同维果斯基的观点——高级心理过程的发展需要经过社会协商和相互作用。具体而言,维果斯基认为,学习乃通过社会、文化形成的,认知能力的发展需要在社会性的支持条件下与外界互动,其不是固有的,也不是大部分依赖于遗传。[②] 因此,教学的主要目的除了培养学生形成并捍卫自己观点的能力,还要使学生能尊重他人的观点并与他人共同协商合作,共同建构意义。要实现这种转变,学生必须彼此交谈和倾听。

(三)强调应用多种方式表征教学内容

当学生走向社会生活时候,他们将面临复杂的情境。如果学生对复杂的教学内容只能获得一种模型、一种类比或一种理解方式,那么当他们把这种单一的表征方式运用于不同的情境时,他们常常会简单化地解决问题。为此,教师需要运用不同的例子、比喻、类比来解释教学内容,使学生获得多种表征方式,这样才能使学生获得举一反三的迁移能力。

(四)强调理解知识建构过程

与现代认知心理学中的反省认知观一样,建构主义强调学习者对自己的认知过程的意

---

① 参考皮连生. 教育心理学[M]. 3 版. 上海:上海教育出版社,2004:78-80.

② Vygotsky L S. Mind in society: The development of higher psychological Processes [M]. Cambridge, MA: Harvard University Press,1978.

识和调控。按建构主义学习观,教师不仅要帮助学生理解自己的反省认知过程,而且要使得他们意识到他们在建构知识中的作用。学生应该充分认识到,自己提出的假设、自己信念和经验在打造自己关于世界的知识,不同的假设和不同的经验导致不同的知识。之所以如此强调理解知识建构过程的重要性,是因为建构主义者相信,理解知识建构过程促使学生意识到自身对自己思维的影响。由此,学生将能够做到:在尊重他人的主张的同时,以自我批判的方式选择、发展和维护自己的主张。

(五)强调围绕学生展开教学

在学习新内容之前,学生已具有相关的知识、技能、态度和信念,它们是影响学习的重要因素。教师在教学时应仔细地考虑这些学生带到教学情境中的已有东西。尽管建构主义理论往往意味着学生有多种理解,但大多数人都同意,在教学过程中尽管教学重点会有显著变化,但是应把学生自己努力求得理解置于教学事业的中心地位。当然,以学生为中心的教学并不意味着教师放弃教学责任。

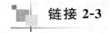

链接 2-3

设计学习活动的建议

1. 为学习目标提供合适的活动情境,尽量设计真实性任务;
2. 基于学生既有经验,设计各种探索性体验活动促进学生概念发展和思维改变;
3. 建设学习共同体,推动学生之间的互动对话,形成合作的学习文化;
4. 督促学生开展自我反思、形成一致的知识体系。

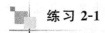

练习 2-1

克米特与键盘式电子乐器

三年前,克米特决定要学习演奏键盘式电子乐器。许多年前,他正式学过音乐,而且还考入了一所地方大学专修音乐。他能熟练地演奏单簧管和萨克斯管,并在社区交响乐队和舞蹈管乐队中演奏过。但音乐会的重复性——反复演奏相同几首曲子——最终使克米特感到厌倦,在拿到学位前,他退学了。

克米特开始对键盘式电子乐器感兴趣,因为他喜欢一人乐队的理念。这些乐器的电子性能确实令人惊叹。一个人在控制台上演奏的效果听起来真的就像许多乐器在合奏一样。克米特买的乐器有许多固有特征(如事先录制的背景音乐和伴乐,不同的声调和韵律,多轨播放和录制的功能,慢放或快进伴音的功能)。正如每一个人所想到的那样,该乐器还有一本厚厚的手册来说明和描述其所有特征及如何使用它们。

虽然克米特在正规学习音乐时学会了读乐谱,但他以前从未演奏过键盘式电子乐器,因而他就花时间来寻找键并按键以便熟悉键的布局。他找出了一些有简单联系的旧音乐教学书,还买了两本有熟悉的流行歌曲的盗版歌曲集。这两本书指出了在歌曲的每一节拍期间应弹哪根弦;这些弦对应于键盘上的快捷键,因而演奏者只需按一个键而不是整根弦就可以了。克米特选了一些歌曲练习,并列了一打左右的、他想学会弹奏的歌。

克米特每天练习演奏约1小时。有些天,他演奏的时间稍长;有些天可能练习20分钟就不练了。还有些天,他练习多次,或许是上午练30分钟,晚上练习20分钟。他演奏时犯的错误越多,就越有可能在短时间内放弃练习。他经常演奏几首歌,但在某些歌上犯的错误如此之多以至于他完全不练这些歌了。

克米特经常演奏的一首歌是"初升太阳的小屋",他尝试了许多不同的声调和伴音以便听听这首歌用不同声调和伴音演奏的效果如何不同。他看来喜欢声调与背景混合起来的独特安排。一天,在一首歌的结尾,克米特犯了一个错误,他延长某一音符的时间比乐谱标明的要长,但在伴音的韵律中,这一音听起来很好,因而他似乎没有意识到自己犯了一个错误。每次他再用那一伴音演奏这首歌时,他都犯同样的错误。但用其他背景音乐演奏这首歌时,他演奏得很好。当他首次开始练习这首歌时,克米特不得不慢慢地演奏以免犯错误,但现在他按规定的速度演奏。

克米特大约每周阅读一次键盘式电子乐器手册的一部分,这一部分通常与他练习期间已尝试过的一些主题有关。偶尔他寻求帮助来理解手册的内容,如向妻子问一些问题或上网参加在线的聊天讨论。他正在考虑参加一个小组,这个小组每隔两周在星期天一起演奏一次,他已经参加了几次这样的爵士乐即兴演奏会,而且这在很大程度上是一种社会活动。该小组有很大的流动性,人们在其日程安排允许的情况下才参加,而且他们会演奏他们想到的任何曲子。小组的一些成员凭感觉演奏,但许多人都有曲谱,在碰头之前各自独立练习。克米特不确定他是否会通过与别人一起演奏而学到更多,也不知道他在舞蹈管乐队和交响乐队中体验到的厌倦是否会再次出现。

请根据上文回答下述问题:

1. 举例说明文中哪些地方体现了不同的学习理论?

2. 在这一故事中克米特学到了什么?

3.在这一故事中,学习的过程是什么?

4.克米特在学习过程中的作用是什么?

5.这一故事中呈现的教学是什么?其作用是什么?

资料来源:德里斯科尔.学习心理学——面向教学的取向[M].王小明,译.上海:华东师范大学出版社,2008:22-23.

第 3 节　走向教育性评价

一、评价范式的转换

如果说,建构主义学习观给我们打开了一扇更大的窗口,在更宽广的视野中,以一种更广阔、更新颖的眼光重新认识学习,而对学习的重新解读则会相应带来评价观的转变。

(一)心理测量范式

教育评价与学习理论息息相关,早期的行为主义对教育评价产生深远的影响,它催生了教育评价的心理测量范式。

由于被认为客观、公正,还能符合社会选拔人才的需要,教育测量在很长时间内成为教育评价领域的宠儿。以标准化测试为例,它认为测试题目能测量出学生固有的某种智力性向;由于具备客观性,测试分数对于所有的学生具有同样的意义,测试分数可以被统一接受和理解。教育测量理论对教师产生深远的影响,有研究表明,一百多年来,教师非常热衷于使用选择题、判断题、匹配题。究其原因,乃因为在测试中可以把学生作为测量的"物体",教师深信这样的测试是客观、公正的。[①] 事实上,自 1905 年比奈—西蒙(Binet-Simon)智力量表开发以来,标准化测试被认为是一种合适的测量工具,几乎成为 20 世纪早期教育测量的代名词。但行为主义无视学生内在动机,对于学生评价来说,难免导致学生在测试中仅仅被作为测量的"物体",要确定、促使学习发生,测试就是一种重要的工具。表 2-1 描述了行为主义学习理论对教育测量的影响。

[①]　Sheard L A. The Role of Assessment in a Learning Culture[J]. Educational Researcher,2000,29(7).

表 2-1　行为主义对教育评价的影响

行为主义	教育测量
● 学习是通过刺激—反应产生的； ● 知识是原子式积累的； ● 学习应严格按照系列和等级实施； ● 动机是外在的，依赖于小步骤的强化； ● 学习迁移有限，要具体教学习目标	● 智力测试用来区分学生的能力； ● 客观测试用来测试学生学习； ● 测试等于教学； ● 用测试—教学—测试来确保学习

　　然而就在人们沉醉于标准化测试所取得的成功之时，评价领域出现了不和谐的声音。乌比冈湖(Lake Wobegone)效应就是一个生动注解。所谓乌比冈湖效应发生于 1987 年，美国物理学家坎贝尔(J. Cannell)对美国所有 50 个州的教育公众报告做了调查，结果发现每一个州所公布的学生成绩都比全国学生平均成绩高。[①] 坎贝尔认为，之所以出现上述令所有美国教育者感到无比尴尬的事情，是因为政府对学校采用的标准化测验的规定缺乏弹性，学校不得不使用这种高风险测验去评价学生。在追求绩效的评价体制中，又由于评价结果会对学校会造成极大影响，比如会影响到学校的财政拨款、招生人数与社会声望等，所以学校力图使自己的学生能够在这种测验中获得高分，从而证明自己的教学质量。[②]

　　林(R. L. Linn)则指出，标准化测验中存在着一种锯齿效应(sawtooth effect)。它指的是，当某一个学校或者班级开始应用一个新版本的测验时，学生的最初测验得分与老版本的测验得分相比总要有所下降，但是随后几年又会有所上升，并逐渐趋于稳定——直到应用更新版本的测验。这说明，学生得分的上升只是由于教师花了几年的时间掌握了应付测验的方法，而不是因为教学质量的提高才导致得分的提高。[③]

　　乌比冈湖效应与锯齿效应给予标准化测试神话沉重一击，实质上标准化测试无法回答如下问题：(1)标准化测试仅仅是作为比较学生学习的手段？难道不能转化测试的功能以便促进学生的学习？(2)标准化测试是为了测量学生固有的某种智力，那为什么不能创造条件以便使学生发挥最佳的能力水平？(3)标准化测验能测量出学生真实的能力水平？它能测量出一些高阶知识与技能吗？(4)标准化测试只是种事后性的行为吗？它与教学是否可以整合？(5)标准化测试中的学生得到尊重了吗？如果是，那为什么学生不能提问考试题目是怎样评分的？考试结果又是怎样被利用的？学生为什么不能得到有效的反馈？

　　① 王凯. 发展性校本学生评价体系研究[D]. 上海：华东师范大学，2004：63-65.

　　② 韩雪. 标准化测验是一把错误的标尺——标准化测验在美国遭遇学者质疑[J]. 比较教育研究，2001(6).

　　③ Gipps C V. Beyond testing：towards a theory of educational assessment[M]. London：The Falmer Press，1994：47.

要走出标准化考试的困境,学生评价需要范式转化。新范式应以学生的利益为最高原则,其核心是不再视学生为评价的"测量物体",而是把评价作为促进学生学习的一个重要动力。这种新的取向就是教育性评价范式。

(二)教育性评价范式

在认知主义和建构主义学习理论关照下,学生评价领域相应地发生了变化,开始走出教育测验所关注的大规模外部考试,更加关注日常学校内丰富多样的课堂评价(见表 2-2)。这是因为课堂评价是最为常见的评价形式,甚至可以说就是教育评价的主阵地,它与教师日常教学紧密缠绕在一起,其功能对于提升学生的学习最为关键。

表 2-2　认知主义、建构主义学习理论对课堂评价的影响

认知主义、建构主义学习理论	课堂评价
● 学习发生于社会和文化中;	● 挑战性任务有助于高级认知思维;
● 在社会情境中学习者建构知识;	● 致力于学习过程和结果;
● 智力思维包括元认知/自我学习;	● 应用形成性评价以支持学生学习;
● 深度理解有助于学习迁移;	● 学生被告知学习期望/目标;
● 认知表现依赖于情感和个人身份认同	● 课堂评价不仅要评价学生学习,也用来评价教学

近年来,建构主义学习理论得到重大的发展,其所包含的内涵得到广泛的共识,对当前评价的影响更大。表 2-3 对建构主义和行为主义做了进一步比较。[①]

表 2-3　建构主义与行为主义对评价的不同影响之比较

比较项目	建构主义	行为主义
学习观	知识建构、解释世界、建构意义、劣构的、真实—经验的、阐释—反思的、重视过程的	知识传递、反映教师所知、良构的、接受—保持—回忆的、重视结果的
评价观	重视过程、学习技能、自我探究、社会性和交际技能,以促进学生学习为主,关注学生的学习动机	对事实、概念和技能的认识,强调内容和结果,强调学业成绩测试,不大重视学生的学习动机

在建构主义学习观视野下,评价做出了相应调整:评价促使学生从被动地反应转向积极主动地参与,要求学生以某种方式展示自己所知道的和所能够做的;评价更倡导问题解决、自我反思、自我探究等;评价更注重激发学生内在的动机,以学习者为中心等。如果把这些调整作为教育性评价范式的行动纲领,那么近年来提倡的从对学习的评价(assessment of

---

① 钟志贤.面向知识时代的教学设计框架[D].上海:华东师范大学,2004:115.

learning)走向促进学习的评价(assessment for learning)则是对其的具体实践。有关学者对促进学习的评价与对学习的评价进行了区分(见表2-4)。[①]

表2-4 对学习的评价与促进学习的评价之比较

	促进学习的评价	对学习的评价
评价的理由	提升学业成就,帮助学生达到更多标准;支持学生的持续进步;改善学生学习	记录个体或群体的成就或掌握标准的情况;出于报告目的,在某一时间段测量学生成就水平;问责的需要
受众	学生本人	学业成就的利益相关者
评价的焦点	由教师选择的特定评价目标,这些目标能促进学生达成标准	学校、教师和学生要为之负责的成就标准
设置的时间	在学习过程中	在学习之后
主要使用者	学生、教师、家长	政策制订者、方案设计者、督导人员、教师、学生、家长
主要用途	为学生提供提高学业成就的建议;帮助教师诊断并回应学生的需求;帮助家长随时诊断学业进展;帮助家长支持学生学习	公众、雇主、等级评定、毕业或升级的决定以学生学业成就为依据
教师的角色	将标准转化为课堂目标;告知学生学习目标;实施评价;基于评价结果调整教学;促使学生参与评价	认真管理考试以保证结果的精确和可比性;使用结果帮助学生达到标准;向家长解释这些结果;教师为等级报告实施评价
学生的角色	自我评价并设立目标;基于课堂评价结果采取行动以使下次做得更好	学习是为了达到标准;参加考试;尽最大努力以求获得最高分数;避免失败
主要的动力	相信在学习中获得成功是可以实现的	惩罚的威胁,承诺回报
例子	学生使用评分规则;学生自我评价;为学生提供描述性的反馈	成就测验;期终测验;入学考试,短期循环评价

通过对比,不难发现促进学习的评价强调评价与教学的整合,不但注重对学习结果的评价,也注重对学习过程的评价。这种评价采用多种形式,所有形式都镶嵌于教学之中,并不像标准化测试那样游离于教学之外。促进学习的评价反对将学生成绩进行排名的做法,提倡向学生提供促进学习的多维度反馈。在这种评价文化中,学生从被动、无权的地位转向为一个共享评价责任的主动参与者之地位。

---

① Chappuis S , Stiggins R J, Arter J, Chappuis J. Assessment for Learning: An Action Guide for School Leaders[M]. Portland: Assessment Training Institute, 2005: 22.

应该说,对学习的评价与促进学习的评价对于学校、教师来讲都是必要的,二者之间如何达成平衡是学校、教师的责任所在。但当前发生于学校内的学习评价更多体现的是终结性色彩,如由于激烈的升学压力,单元测试、期末考试、统考等往往为学校、教师所重视,发生于教学过程中所需要的促进学习的评价常常被忽略,而这恰恰是学习评价发生的主阵地,它渗透于课程实施的各个环节。

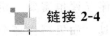 **链接 2-4**

评价目的比较

评价使用者	促进学习的评价	对学习的评价
学生	我是在不断进步吗? 我是否知道成功意味着什么? 我接下来应该做些什么? 我需要怎样的帮助?	我是否取得应达到的成功水平? 我能获得成功吗? 我应该怎样处理与同学的关系? 学习值得我付出努力吗?
教师	每个学生需要什么? 什么是所有学生需要的? 学生优势的依据何在? 我怎样进行学生分层? 我的教学进展是否太快,还是太慢?讲得太多了,还是太少了?	我在报告单上应该写什么等级? 学生需要哪些其他的服务? 我将告诉家长些什么?

资料来源:Chappuis S,Stiggins R J,Arter J,Chappuis J. Assessment for Learning:An Action Guide for School Leaders[M]. Portland:Assessment Training Institute,2005:22.

要实现促进学习的评价的愿望,就需要必要的工具。评分规则在促进学习的评价中并不是为了给予学生一个单独的分数或者确定一门课程的最终分数的过程,而是指教师通过课堂测验和课外作业,或者课堂当场练习来评价学生学习的过程,评价者可以是教师,也可以是学生或家长,并通过评价来达成学生学习的改善与提高。从评价覆盖的范围看,它不仅包括评价学生的学习,也包括如何建立一种特定的标准和尺度,怎样帮助学生明晰他们所需要掌握的知识和技能,并在一定的时间内对学生的学习重复评价,激发学生的学习动机,对学生学习进行反馈,使学生能够不断地从学习错误中吸取教训。它也包括学生与学生之间、教师与学生之间、学生与家长之间对学习状况的交流,还包括教师根据评价结果调整后续教学计划。

因此,有必要强调在日常课堂评价中加强促进学习的评价的力度。比如,当一位语文教师想了解学生写作状况时,他并不能仅仅依据学生的单次作品来判断其写作水平。更重要的是,通过考查日常性的学生作品,发现存在的问题,并提供具体的建议。与此同时,还要发挥学生的作用,使之自觉地参与评价,并同时采取改进行动。而对学生写作水平的判断是否公正、客观,需要教师深度把握高质量写作的特点。就平常而论,并非每位语文教师都有这样的水平,特别是一些新手教师,而资深的教师评价学生作品时也难免带有个人色彩,以至于评价中出现过度主观判断的现象。另一方面,学生的自我评价与同伴互评也需要一定的支架。这两个方面都需要参照标准,写作评分规则就是一种重要的工具。如果写作评分规则描述出学生达到不同水平的具体表现,它就能帮助语文教师更客观地评价学生作文,了解学生学习,使得教学更有效度。对于学生来说,借鉴评分规则,他们就能为自我评价与同伴互评提供坚实的依据,从而明确自身写作水平与学习目标的差距所在,这本身就是一种有效的反馈。当学生不断应用写作评分规则后,他们就养成了良好的评价习惯,发展反思能力。由此可见,只要应用得当写作评分规则完全可以发挥促进学生学习的作用。

二、表现性评价的兴起

评价方法的转变是体现学生评价范式转换的重要表征。在教育性评价范式下,涌现出各种新型评价方法,表现性评价是其中重要一员。

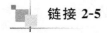 **链接 2-5**

众说纷纭的表现性评价

1. 美国技术评价办公室(Office of Technology Assessment)搜集了 20 世纪以及之前测验史上最具综合性的测验,深刻审视测验技术进步方面的变化,将表现性评价界定为:"要求学生创造答案或成品展示他们所知和能做的。"(资料来源:U. S. Congress, Office of Technology Assessment. Testing in American Schools:Asking the Right Questions[R]. Washington, D. C.:U. S. Government Printing Office,1992.)

2. 瑟洛(M. Thurlow)认为:表现性评价是要求学生去创造一个答案或成品来展示他们的知识或技能。(资料来源:Thurlow M. National and State Perspectives on Performance assessment[EB/OL]. http://www. ericdigests. org,2011-11-11.)

3. 萨克斯(G. Sax)认为:所有表现性评价的一个普遍特征就是强调被试执行一项任务的能力,而不是回答问题的能力。是非判断、多项选择并不适合所有的测量。举例来说,从事艺术、音乐、体育、语言和理科教学的教师常常需要在学生绘画、弹奏乐器、打篮球、写信、说英语或者做实验的时候进行观察。这些观察可以通过表现性评价进行。（资料来源：萨克斯，牛顿.教育和心理的测验与评价原理[M].王昌海,等,译.董奇,审校.南京：江苏教育出版社,2002:161.）

4.阿特(J.Arter)和麦克泰(J.McTighe)等把表现性评价界定为,需要学生建构一个答案,创作一项作品,或进行一个论证。既然表现性评价不只有一个唯一正确的答案或解题方法,对学生的作品或表现的评价就要以标准的判断为基础。（资料来源：阿特,麦克泰,等.课堂教学评分规则——用表现性评价准则提高学生成绩[M].国家基础教育课程改革"促进教师发展与学生成长的评价研究"项目组,译.北京：中国轻工业出版社,2005:4.）

传统的评价方法主要通过标准化考试方式对学生的单一知识和技能做出测量,随着学习与评价理论的发展,传统评价方法的局限性越来越受到人们指责（见表 2-5）。

表 2-5　表现性评价与传统评价的优劣对比

传统评价的局限	表现性评价的优点
● 它无法测量出学生在校所参加的那些主题性的、综合性的、探究性的、复杂的学习经验; ● 传统评价方法重视事实性等低阶知识的测量,而在测量学生高阶知识,如批判性思维能力以及解决问题能力等方面,显得无能为力; ● 只重视测量学生学习结果,难以测量学生学习过程和进步情况;只重视教师对学生的评价,缺乏学生自我评价和同伴互评; ● 它只能呈现评价结果,不能全面、准确体现学习的优点和不足,学生难以获得有效的反馈,这不利于学生后续学习的改进	● 给学生呈现了复杂的、不确定的、开放式的问题,以及整合知识和技能的任务,反映了真实生活、学科的挑战; ● 是设定标准的,包含着详细标准的评价表,在学生学习之前就向学生做出明确的解释,这有利于学生进行自我评价与同伴互评,督促学生为自己的学习负责,从而向更高、更丰富的认知水平前进; ● 不但重视学习结果,更注重学习过程,这有助于教师、学生了解学习的进展; ● 强调评价、课程、教学一体化,帮助教师检查自己是否在评价所教内容; ● 发现和辨别学生的强项而不是突出他们的弱点,因为评价的最终目的是促进学生学习

与标准化测验的纸笔形式不同,表现性评价往往要求学习者建构一种创造性的反应,而评价者与观察者们除了要观察学习者的表现外,还要对学生的表现做出评判。

表现评价值得使用的理由有三。[①] 第一个理由是对选择—反应测验的不满。表现性评

① 波帕姆.促进教学的课堂评价[M].国家基础教育课程改革"促进教师发展与学生成长的评价研究"项目组,译.北京：中国轻工业出版社,2003:137.

价的支持者认为,选择题与判断题只能考查学生的再认能力等低级学习水平,而不能有效测量其高水平思维技能,如学生的问题解决能力、综合能力与动手能力等。另外,对选择—反应测验最大的不满则是学生只需要选择一个答案。第二个理由是,学习者不仅要获得有关内容的陈述性知识,还要获得程序性知识,而且后者的获得与否对学习者学习水平的提高乃至其人生发展的成就大小,都有着至关重要的关联。尽管所有的认知任务的成功解决都需要陈述性知识与程序性知识,但不同类型任务对两者的侧重点是不同的;在程序性知识显得日益重要的今天,人们不能容忍选择—反应测验不能用来评价程序性知识的这一现实,加之当前评价对教学与学习的引领作用的影响,学生很少有获得程序性知识的学习机会,因此,人们主张应用表现性评价来测量学生的学业成就。第三个理由来自于传统测验对教学的消极影响。高利害性教育评价在相当程度上会造成地区教育主管部门与学校管理者过分注重学校在学业成就测验中的总体表现,因为其涉及地区与学校的教育声望、教育经费、社会地位等众多相关利益;而对于教学的影响则是,教师会更倾向于把测验中所要求的内容作为教学重点,这种完全"以考试为风向标"的偏执做法带来的可能后果是,学生的测验得分提高了,但知识与技能的掌握情况却没有得到什么改善。

基于观察的表现性评价不能像标准化测验那样来评分。一台机器是没有能力评价一个学生的音乐表现、科学计划或成长记录袋,并给出一个精确的分数的,所有这样的评价不得不由人来做,在一定程度上评价本身就是一种主观的判断。在应用这些新型的评价方法时,由于学生表现水平的多样性,答案的开放性,它需要新的评分工具,而不是传统评价方法所需的那种只用来判断对与错的评分工具。评分规则就是适用于表现性评价或真实性评价的评分工具。从结构上看,表现性评价由学习目标、表现性任务和评分规则组成。

值得一提的是,真实性评价是与表现性评价关系非常紧密的一种评价方法。关于真实性评价的内涵,其倡导者威金斯(G. Wiggins)认为,真实性评价应该包含一个真实性任务,即类似于某一具体领域的专家所面临的那些真实生活活动、表现或挑战,它具有复杂性和多维性的特征,需要像问题解决和批判性思维这样的高级认知思维。[①] 而高级思维技能指向相对复杂的认知操作的技能,如概念形成、分析以及问题解决。批判性思维是运用高级智力过程的思维,如认真分析论点、思考其他观点、评价其他观点并给出适当的结论。真实性评价让学生展示出他们对必要学习知识的掌握情况,其评价的关注点是学生能够做什么而不是知道什么。学习开始时一般应该提前让学生了解评价标准,以便其能够运用标准评价自己的学习。

---

① Wiggins G. A true test:Toward more authentic and equitable assessment[J]. Phi Delta Kappan,1989(49).

无论是真实性评价还是表现性评价都是针对传统评价不足而提出的,它们之间有很大部分是交叉重叠的,在某些真实情境中,可以把它们当作同一个概念来使用。链接 2-6 为我们指出了真实性评价与表现性评价的两种关系:一是表现性评价等同于真实性评价,即表现性评价也发生在真实的情境中;二是真实性评价包含于表现性评价之中,即表现性评价既可发生于真实情境,也可发生于非真实情境。本书主要取第二种含义。

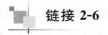 链接 2-6

真实性评价与表现性评价的关系

1. 同等关系:认为表现性评价任务必须来自真实世界,所有的表现性任务都应当是真实的,没有必要区分表现性评价与真实性评价。表现性评价运用具有挑战性的真实世界的评价任务来测定学生是否做到了对事物的深层理解。这种任务不仅要求学生回忆信息,而且要求学生具备高级思维技能和元认知的知识结构组织进行问题解决,又称为真实性学习评价。将表现性评价等同于真实性评价的观点,凸显了表现性评价中任务情境的真实性特点,它表明表现性任务要来自真实世界,学生要在真实情境中完成任务;同时这一观点窄化了表现性评价的外延,它要求"所有的表现性任务都应当是真实的";反之,对非真实或模拟的任务进行的评价就不是表现性评价了。按照这一说法,"表现性评价"这一术语就没有存在的意义和必要了,真实性评价反而显得更加直接和形象。事实上,同等关系说中的真实性评价之"真实",强调的就是真实世界和真实生活,比较容易理解。

2. 包含与被包含关系:真实性评价是表现性评价,但反过来就不成立了。不是所有的表现性评价都是真实性评价,只有当表现性评价在真实的生活情境中发生时,才是真实性评价。真实性评价方法评价的是社区里、工作中或班级中人们的一些日常行为,而不是专门为评价而设计的某个任务中的行为。在许多人眼里,真实性评价似乎等同于表现性评价。但是,不真实的任务也可能是以表现为基础的。不能仅仅因为一项设计是一个表现性任务型的,我们就说它是真实的。并非所有的表现性任务都是真实的。不能仅仅因为一项设计涉及动手的操作,我们就说它是真实的;不能仅仅因为一项设计是一个建构反应任务,我们就说它是真实的甚至是表现性任务,真实的任务是所有表现性任务的一个子集。所有的真实性评价都是表现性评价,很难想象一种不是表现性评价的真实性评价,也就是说,真实性评价是表现性评价的一种特殊形式。这一观点中的真实性评价与同等关系说中的真实性评价是相同的,指的都是真实生活情境中的评价,动手操作、建构反应的任务不一定是真实性任务。跟同等关系说不同的是,它扩大了表现性评价的范围,任务不真实的评价不一定不是表现性评价。因此,真实性评价是表现性评价的一个子集。

资料来源:周文叶.学生表现性评价研究[D].上海:华东师范大学,2009:48-50.

三、考试伦理的超越

教育性评价对教育测量的超越还体现在伦理上的超越。当前的考试伦理具有强烈的"评分并等级化"的色彩,按照学生成绩而描述的正态分数分布图线就是具体体现。在这样的考试伦理中,考试的主要目的就是测量,学生仅仅被看作一个被测量的物体,而不是活生生的个体。考试伦理关注的是评价结果,而学生与评价的关系、评价的方法严重被忽视。或者说,考试更多的是关注技术层面的东西,而不能回答价值层面的东西。

正因为如此,考试的权利由评价者掌握着,是他们决定了考什么、怎么考。在他们看来,具体要考什么是万万不能告诉学生的,否则就失去了控制学生的手段;考试要考到什么程度也不能让学生知晓,因为在评价者看来,这意味着泄露答案。这种高度秘密的考试不允许学生提问考试题目、考试题目是如何选择的、题目是怎样来评分的、考试分数意味着什么、考试结果怎样被利用……

从历史上看,保持考试秘密是前现代的传统,因为权威往往诉之于某种控制或神秘。但需要质疑的是:为什么不能透明化考试?难道评价目标不是用来教育学生、激发学生智慧,而是通过所谓的某种程序让学生毫不知情?谁规定了考试题目不能被提问?难道让学生知道考试题目,尤其是一些用以考查累积性学习目标的表现性任务,就意味着泄露天机?如果学生知道了考试题目,并为此做好准备,并显示出自己的最佳状态和潜能,这难道不能成为评价的目的?学生作为教育服务的对象,本应具有信息知情权。

在外部大规模考试中,保持考试秘密具有一定合理性,毕竟它们将被用于选拔学生。但糟糕的是,这种保持考试秘密的做法严重地渗透、腐蚀课堂评价的精髓。许多教师把课堂评价等同于外部大规模考试,把等级化学生作为关注重心,把考试作为控制学生的手段。"考、考、考,就是老师的法宝"道出了他们的心声。而学生在课堂评价中,不能获得学习目标与学习反馈,无法知晓自己学习的努力方向与需改进之处。

相比之下,教育性评价反对等级化学生,倡导学生为学习第一责任人,尊重学生的评价权利、公开评价过程、帮助学生行使评价权利。这在课堂评价中表现得尤为突出——学生被告知学习目标或评分规则,从而明晰了学习目标;学生被告知缩小学习现状与学习目标差距的反馈建议,从而确定后续学习的改进之处;学生开展自我评价与同伴评价,从而肩负起评价责任。

在教育性评价中,教师与学生的关系不再是警察与小偷的关系,学生与学生的关系不再是惨烈的竞争关系,他们更像是一个学习共同体。在这个学习共同体中,学生不再被视为一个被测量的物体,而是应用评价的积极学习者;学习目标不再是秘密的,而是学生与教师分享学习目标;评价结果不再是用以甄别学生,而是作为诊断、改进学习问题的重要信息。

越来越多的教育性评价的成功实践也表明,评价本身就是一种学习(assessment as learning)。如果想让学生对成功不感到困惑,关键就是让学生了解明确的学习目标;如果试图提高学生评价地位,重要措施是让学生开展自我评价与同伴互评;如果希望学生改进学习,必要条件是让学生调整自身学习。事实上,当学生借鉴评分规则,学生就明确了学习目标,并以此作为自我评价与同伴评价的依据;当学生把评分规则内化为自己的目标时,就能更好地提高学习动机,不断地改善自己的学习。

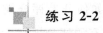 **练习 2-2**

请你罗列本章主要学习内容,并说明它们之间的内在逻辑关系。

进一步阅读的资料

1. Chappuis S, Stiggins R J, Arter J, Chappuis J. Assessment for Learning: An Action Guide for School Leaders[M]. Portland: Assessment Training Institute, 2005.

2. Gipps C V. Beyond Testing: Towards a Theory of Educational Assessment[M]. London: The Falmer Press, 1994.

3. 德里斯科尔. 学习心理学:面向教学的取向[M]. 王小明,译. 上海:华东师范大学出版社, 2007.

4. Sheard L A. The Role of Assessment in a Learning Culture[J]. Educational Researcher, 2000, 29(7).

5. 施良方. 学习论[M]. 北京:人民教育出版社, 1994.

6. 石中英. 知识转型与教育改革[M]. 北京:教育科学出版社, 2001.

第 3 章　开发高质量的评分规则

 导读

前述两章探讨了评分规则的基本内涵与理论背景,但还没有涉及如何开发评分规则。事实上,评分规则的开发需要很强的技术支持。我们可以选择或改编现有的评分规则,也可以创建自己所需的评分规则,本章将把目光聚焦于后者。

开发评分规则的本质在于将学习目标具体化为各种等级描述。那么,开发评分规则存在哪些基本思路? 每一种开发思路包括哪些基本环节? 开发过程要解决哪些关键议题? 又如何判断所开发的评分规则是高质量的? 凡此种种问题需要我们做更深入具体的分析。

【本章学习目标】

◉ 熟悉自上而下与自下而上评分规则的开发思路;

◉ 初步应用评分规则开发思路建构所需的评分规则;

◉ 理解评分规则的质量要求及其评价标准。

【本章内容导引】

◉ 开发评分规则的基本思路

一、自上而下的开发思路

(一)明晰学习目标

(二)明确评分维度与水平

(三)撰写各表现水平的特征

(四)完善评分规则

二、自下而上的开发思路

(一)收集学生作品

(二)将学生作品分组并明确依据

(三)写下学生作品分组的依据

(四)概括学生作品的表现维度

(五)描述各个维度的不同表现水平

(六)不断完善评分规则

⊙开发评分规则的关键议题

一、怎么确定学习目标

二、怎么确定表现维度

三、选择何种评分规则类型

四、怎么确定评分等级

五、如何区分不同表现水平的差异

六、如何处理诸如"充分的""适当的"措辞

七、明确量表是绝对量表还是相对量表

八、如果对量表的分数感觉不合适怎么办

九、开发过程中如何看待学生的参与

十、什么时候公布评分规则比较合适

⊙案例:科学实验报告 PTA 量表的研制

一、开发背景

二、开发过程

三、开发结果

⊙评分规则的质量标准

一、高质量评分规则的特征

(一)基于目标

(二)描述清晰

(三)实用可行

(四)关注公平

二、评分规则的元规则

三、评分规则样例评析

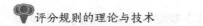

第1节　开发评分规则的基本思路

一、自上而下的开发思路

自上而下的开发思路具有演绎性质,它始于我们所指向的概念框架。概念框架描述了我们所需要评价的内容和表现。当课程标准或学习目标已经相对明确地界定学习内容或表现要求时,选择自上而下的开发思路比较合适。

选择自上而下的开发思路,实质就是依据课程标准或学习目标制定评分规则。鉴于特定任务的评分规则开发与通用评分规则开发具有极大的相似性,无非前者需要结合具体评价任务用具体的语言刻画不同水平的特征,因此下文主要围绕通用评分规则展开。具体研制通用评分规则时,自上而下的开发思路可遵循如下基本步骤展开。

(一)明晰学习目标

这需要开发者描述出学习目标的要求,如对于网络协作学习,需要回答什么是网络协作学习、良好的网络协作学习具有哪些特质、不同表现水平的特征是怎么样的。又如,对于实验操作,除了明晰哪些考查维度,还需要明确各个维度下学生有哪些优质表现。这些议题实质要求教师明晰教学指向,确定学生需要展现出来的学习表现。

(二)确定评分维度与水平

在根据需要选择评分规则的类型后,无论是研制整体评分规则还是研制分项评分规则,都需要架构出相应的各个维度内容与表现水平。比如,对于科学问题解决评分规则,教师可思考可从哪几个维度来描述科学问题解决。例如科学内容知识是科学问题解决评分规则的一个组成维度,其要求是学生展现出对科学概念与规律的理解。然后思考在不同维度上,可分为几个水平等级来描述相应的学生学习表现。在这个环节,还需注意所研制的评分规则是整体评分规则还是分项评分规则。如果是前者,则把所有要素整合为一体,如果是后者,则对不同维度加以描述。

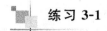

练习 3-1

请以小组形式讨论议论文的评分维度,并写下各个评分维度的定义。

(三)撰写各表现水平的特征

确定评分规则维度与水平后,需要描述各种表现水平的特征。例如,"问题解决过程展现出对物理概念与规律的理解"是科学问题解决的评分规则的一个维度,那么在描述某特定维度的各种表现水平时,其最高水平可能具体化为"问题解决过程展现出对距离、速度、时间关系的理解"。一般来说,教师可先撰写中间水平,然后据此描述更高水平或更低水平,从而形成一个表现水平的连续体。有时为了更好地说明各个要素各种水平的含义,有必要为每个水平配置案例,以便为学生提供更直观的说明。需要注意的是,为了避免学生模仿单一案例,在数量上,这样的案例应不少于 2 个。

链接 3-1

单个表现样例的不足举例

对应于各个要素各种水平的学生作品存在各种称呼,如"锚""样例""范例""水平体现者"。一般来说,每个水平上的学生作品不能少于两个,下述例子能很好地说明这一点:

在最近的一次写作评价中,有个班级的每篇作文都是这样的开头:"我看到你在那儿……"显然,教师只给学生展示了一篇优秀作文做样例,而它的开头就是"我看到你在那儿,伊文·布莱克(Evan Blake)"。

因为教师在写作课上经常使用这篇文章来说明良好的语句结构,所以他一看到那个开头就知道学生是在模仿它。

资料来源:阿特,麦克泰,等.课堂教学评分规则——用表现性评价准则提高学生成绩[M].国家基础教育课程改革"促进教师发展与学生成长的评价研究"项目组,译.北京:中国轻工业出版社,2005:41.

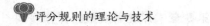

（四）完善评分规则

评分规则研制并不是一蹴而就的，其需要不断加以完善。在正式投入应用前，可以尝试用它来评价学生的表现，从中发现存在的问题，并基于需要加以完善。例如，教师可以咨询几位学生是否明晰评分规则特定维度的含义，是否把握不同表现水平的描述特征，存在哪些不甚清晰的地方或细节。当然，除了咨询学生，还可以咨询同一教研组教师，听取他们的建议。如果可能的话，以整个教研组为单位开发评分规则，形成统一使用的评分规则。

上述四个步骤是最基本的环节，实践中自上而下的开发思路更为复杂。这与研制者的需要、研制现场条件等因素有关。

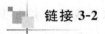 **链接 3-2**

通用评分规则开发程序举例

1. 重新审视所要评价的学习目标；

2. 确定可观察的要素；

3. 应用头脑风暴方法，明确各个要素的特征：

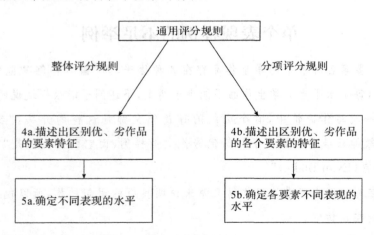

6. 为每个水平配置不同表现水平的例子；

7. 必要时修改评分规则。

资料来源：Mertler C A. Designing Scoring Rubrics for Your Classroom[J]. Practical Assessment Research & Evaluation, 2001(7).

二、自下而上的开发思路

自下而上的开发思路始于学生的作品，从作品中构建出概念框架。与自上而下的开发思路一样，应用自下而上的开发思路也需要界定评价的内容和表现。当学生比较熟悉评价内容时，可以让学生参与构建评分规则。在研制程序上，自下而上的开发思路一般需要包括如下步骤。

（一）收集学生作品

这些学生作品必须与评分规则蕴含的表现要求相关，如果可能的话，这些作品最好来自不同的评价任务。这是因为评分规则反映的是学习目标包含的内容和表现要求，而不是任何特定任务的本身要求。否则，评分规则仅仅针对特定任务的具体要求，它不能也无法推广至其他评价任务。

（二）将学生作品分组并明确依据

以三等级水平为例，教师可把第一步选取出的学生作业分为三个水平组：高水平、中水平和低水平，并写下每份作业被分入某个水平组的理由。这种分类的理由一般不是学生作品的整齐性或形式，而是作品所体现出来的关于达到学习目标的质量。当然，如果学生作品的整齐性或形式是学习目标，则可以以此作为分组依据。

（三）写下学生作品分组的依据

在上一步的基础上，写下每份学生作品分组的依据。这种依据应尽量具体，例如"学生不能正确查找信息"，而不是"学生不会解决问题"，或者是"学生没有掌握问题解决的方法"。

（四）概括学生作品的表现维度

把分组的依据总结为表现的维度或要素。把这些理由或依据归纳为维度，如人们在评定数学作业时，可能会从表达能力、问题解决/推理、数学理解和计算准确性四个维度来考虑，然后给每个维度下一个客观的定义。这些定义应该没有倾向性，它只描述每个维度的本质，而不是好的表现，因为好的表现将包含于高水平的表现水平中。例如，可对"真实性"做如下定义：真实性反映了学生对自我反思过程的认真态度，它标志着学生进行自我反思的自觉性、用心程度和真实度。而下述的定义就存在倾向性：真实性就是学生自觉地学习，真正付出努力，非常诚实，真正努力去进行自我反思。

典型主题的维度

自我反思:技能分析;真实性;目标设置;表达方式。

数学问题解决:对概念的理解;策略/推理;计算/应用;洞察力;表述能力。

资料来源:邵朝友.评分规则的开发与应用研究[D].上海:华东师范大学,2007:16-17.

(五)描述各个维度不同表现水平

根据实际需要,确定出所需要的表现水平数量,对每种水平描述出具体的表现要求。然后,找出与每个要素的各个评分点相对应的学生表现以做样例。例如,根据各个维度的高、中、低表现水平的要求,分别找出最具代表性的学生作业。

(六)不断完善评分规则

与自上而下的开发思路一样,评分规则的开发与制订是个反复修改、完善的过程,在实践中要不断改进评分规则。

上述两种开发思路的关键在于确定评价任务中的维度与表现描述,无非自上而下的开发思路更多的是先从确定维度入手,而且凭借教师的经验和专业判断事先就描述出不同的表现水平。自下而上的开发思路是以学生作品或表现着手,依据学生的实际表现,提炼出维度,并依据学生作业归纳出代表不同水平的表现要求。

无论对于哪种开发思路,评分规则的开发都要基于实际情况,应视具体情况而定,要充分考虑实效性,而不是固守思路。在开发过程中,开发者必须对下述问题做出回答:

第一,良好的作品、问题解决、合作、科学思考等,具有什么样的特征? 必须寻找什么证据来证明学生能做出精彩的反应?

第二,所评价的学习目标有哪些重要特征?

第三,区别学生在任务表现中的不足、可接受、优秀等不同水平的特征是什么?

第四,学区教育部门、国家课程专家小组、专业团体的评价计划,是否有体现标准或准则的评分规则或课程框架的样例? 在教师专业杂志、教师业务通讯、专业期刊或教材上,是否有相关建议?

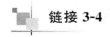链接 3-4

评分规则开发程序的观点举例

观点一：1.制定确切的表现目标与目的；2.选择反映表现目标的合适任务；3.区分不同表现的水平，并为之设置相应的水平层级；4.描述出不同表现水平的要素；5.训练评分者应用评分规则；6.进行测试，并初步应用评分规则；7.依据评价结果和学生反应，修改相关测试题目与评分规则。（资料来源：Caso R，Kenimer A. Constructing Rubrics for Open-ended Activities[EB/OL].[2007-12-18].http://www.foundationcoalition.org/.）

观点二：1.清晰地确定指向评价目标的任务，该任务包括主题和表现过程，以及期望学生所完成的结果。2.界定评价任务中的关键要素。3.确定使用何种评分规则，采取何种评分规则取决于任务的类型和评价的目的。4.明晰这些关键要素的特征。5.详细地描述出每个要素的表现标准：思考每种评价种类中不同水平的特征，明确最低、中等、最高表现水平；尽量避免用比较性的语言来描述不同的表现水平。如用非常彻底、精确的措辞描述最高表现水平，而用相对彻底、精确的语言描述中等表现水平，关键在于找出代表每种表现标准的独特描述语。6.制定评分量表：依据步骤"5"进一步确定评分点的个数；明确不同评分点之间的区别，应用分项评分规则时，评分量表应与所有关键要素是一致的。（资料来源：Zimmaro D M. Developing Rubrics[EB/OL].[2008-12-18].http://www.utexas.edu/academic/mec/research/pdf/rubricshandout.pdf.）

观点三：分析的方法：1.明确要评价的内容；2.明确评价内容的特征；3.描述出代表这些特征的最佳作品，它代表了最高水平；4.描述出代表最低水平的作品能接受的特征，它代表了能接受的最低水平；5.描述出不能接受的作品，它不能代表最低水平；6.制定中等水平作品的特征，并赋予中等水平；7.邀请同事（他没有参与本评分规则的制定）应用评分规则对学生作品或行为进行评价，并做必要的修改以避免偏见。

专家系统的方法：1.查看已有专家对样例进行的水平分类；2.确定区分不同水平的特征；3.应用这些特征来描述不同的水平；4.邀请同事（他没有参与本评分规则的制定）应用评分规则对学生作品或行为进行评价，并做必要的修改以避免偏见。（资料来源：Allen M J. Assessment Workshop Materials[EB/OL].[2008-12-18]http://www.csub.edu/TLC/options/resources/handouts/AllenWorkshopHandoutJan06.pdf.）

观点四：1.明确主题、任务、学习结果；2.罗列表现的要素，一般要具有 3～8 个特征，并用行为动词来描述；3.描述出表现的不同水平，通常要 3～5 个水平等级，依次确定各个水平

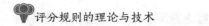

的特征；4. 检验评分规则。（资料来源：Pickering J W，Jean M Y. Creating Rubrics & Prompts[EB/OL].[2008-12-18]. http://www.lcu.edu/.）

第2节　开发评分规则的关键议题

一、怎么确定学习目标

学习目标乃关于我们需要学生所知和所能的规定。本质上，学习目标是评分规则的描述对象，评分规则无非具体化了学习目标的不同表现水平。因此，要开发评分规则，确定学习目标是非常关键的。

确定学习目标的依据众多，一般可分为三大类。一是政策性文本，包括国家、地区或教育机构规定的课程标准、教科书、教学参考书、地方指导意见、考试说明等；二是学生学习情况，即学生在特定学习内容上的学情；三是教师实践经验。在这当中，如果存在课程标准，教师需要解读课程标准，具体化它的要求，然后结合自己的教学现场需要制定学习目标。对于那些没有课程标准的课程，教师可以根据教材、学情等方面情况确定学习目标。

确定学习目标需要明晰学习目标的类型，并以规范的方式加以描述。目前存在众多学习目标的分类，一般可从三大范畴来分类，分别是认知领域、动作领域和情意领域，其中认知领域是当前比较成熟的研究领域，教师需要结合实际情况确定学习目标类型。确定学习目标的类型后，需要进一步确定其内涵。从句法结构上看，学习目标的核心构成是动词＋名词，例如"制作 PPT"。至于所制作的 PPT 质量如何，则需要通过评分规则来描述出不同水平特征。

 链接 3-5

新修订的布鲁姆认知目标分类

认知过程维度	知识维度			
	事实性知识	概念性知识	程序性知识	反省认知知识
记忆				
理解				
运用				
分析				
评价				
创造				

资料来源:安德森,等.学习、教学和评估的分类学[M].皮连生,译.上海:华东师范大学出版社,2007:25.

二、怎么确定表现维度

通常情况下,学习目标可分为不同维度,它们基本以名词或名词短语来表达。例如,对于运动会上的十项全能要求,它就由具体的 100 米跑、跳远、铅球、跳高、400 米跑、110 米跨栏、铁饼、撑竿跳高、标枪、1500 米跑构成,它们可视为十项全能要求的表现维度;对于一篇说明文要求,立场陈述、论题、组织、语气、句子结构、书写等可视为说明文要求的表现维度。

明晰这些维度才能更好地把握学习目标的要求,才可能研制出高质量的评分规则。具体确定表现维度时,评分规则研制者需要考虑以下要求:

1.每个维度体现了学习目标或课程标准的要求;

2.对各个维度,教师和学生都能一致地理解它们;

3.每个维度都能代表表现要求的关键要素,它们是可观察的;

4.各个维度之间能清晰地加以区别;

5.所有维度共同描述了所要评价的学习目标的要求;

6.每个维度能被用于描述不同水平。

表现维度的规定并非绝对的,通常情况下,表现维度在一定时间内还会继续被修改。例如,在科学实验中"无关变量"和"变量控制"可作为两个独立的表现维度。但我们发现,随着

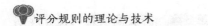

学生在控制变量方面做得越来越熟练,他们识别无关变量的能力得到了很大的提高。只要花费时间是值得的,我们完全可以把这两个表现维度合并在一起。

三、选择何种评分规则类型

从分类看,评分规则可分为整体评分规则与分项评分规则、通用评分规则与特定任务评分规则。具体使用哪种评分规则需要基于各种评分规则的适用情况与不足之处做出抉择。对于整体评分规则与分项评分规则,它们的适用情况与不足之处如表 3-1 所示。

表 3-1　整体评分规则与分项评分规则的适用情况与不足之处

整体评分规则	分项评分规则
适用情况 ● 评价简单的成果或表现——它们一般只有一个重要因素,如阅读的流畅性; ● 快速获得对总体水平或整体成绩的评定,通常在大范围内使用,以对大批学生的反应做出评估; ● 对成果或表现给出"印象分",如这篇文章的议论深刻吗? 不足之处 ● 缺乏对成果或表现的优点或缺点的详细描述; ● 整体评分规则不能向学生提供详尽的反馈,以指导他们下一步的行动。由于没有细致的描述,学生很难确切地知道自己应该如何改进,不能进行自我评价或同伴互评	适用情况 ● 评价复杂的表现(如探究学习),它们通常包括几个重要的因素。借助这些细分的项目,评分者(如教师或学生)可以更迅速地找出评分的关键因素; ● 向学生、家长和教师提供更有针对性的信息或反馈,使他们了解学生表现的优点和缺点。教师可以根据分项评分规则提供的信息制定教学目标。从教学角度看,学生了解了成果和表现的重要因素,分项评分规则也能帮助他们更好地把握什么是合格的成果,从而有利于学生进行自评或同伴互评。 不足之处 ● 由于教师需要辨别更多内容,所以更耗时; ● 因为要同时考虑几个要素,评分者的一致性往往较低,因此在大范围评价时,考虑到效率和可信度的要求,分项评分规则可能并不适用; ● 把没包括在评分规则中的"正确"答案判错

相似的,通用评分规则和特定任务评分规则具有各自的适用情况与不足之处(见表 3-2)。这些决定了开发者需要选择何种评分规则类型。

表 3-2　通用评分规则与特定任务评分规则的适用情况与不足之处

通用评分规则	特定任务评分规则
适用情况	适用情况
● 在教学中用于帮助学生理解合格的标准,发展评分规则的迁移能力;	● 评价效率比了解评价的内容更重要;
● 学生不是全部完成同一任务;学生可以选择如何展示在特定技能或成果上的能力;	● 想知道学生是否掌握了特定的知识、方法或步骤;
● 教师力图使不同班级或年级的评价具有一致性。	● 评分的一致性是最重要的考虑因素。
不足之处	不足之处
● 学习起来比较耗时,这同时也是一个优点——学习评分规则的同时也在学习技能;	● 不能提前告诉学生,因为这会泄露答案;
● 可快速做出评价时,却耗用较长的时间;	● 必须为每项任务制定一个新的评分规则,这很耗时而且有时做不到;
● 有时当需要特定知识时,还要增加指向特定任务的因素	● 使评分者失去思考能力——评分是自动化的程序;
	● 把没包括在评分规则中的正确答案判错;
	● 不能对合格的标准做出总的规定,只能大致解释一项特定任务的合格标准

四、怎么确定评分等级

明确评分等级包括确定等级水平的数量与名称。一般而言,采取多少个评分点取决于评价的目的。如果教师希望学生能够根据评分规则来逐步提高,那意味着需要多个评分点。但一般来说,评分点不宜过多,一个直接的原因是评分点过多会增加开发评分规则的难度,导致评分水平难以区分,从而增加教师的工作负担。同时,评分点也不宜过少,否则将使得量表异化为核查表。从实际情况来看,评分点以 3～6 点比较合适。

确定等级水平的数量后,还需要为之提供相应的名称。例如,用"高级""中等""低级"来表示三种表现水平,或者用中性的"1""2""3"来描述三种表现水平。应避免出现以下情况:模糊、不清晰或不合理的术语、自相矛盾的修饰法(如合理掌握);常模术语(如平均、典型);动态性(moving)术语(如接近"X"、正接近标准、就要达到、正在进步中);非教育性术语(如平常、不充分的);非对称术语(如杰出、通过、警告)。

链接 3-6

等级水平的常用术语

仍需改进、满意、良好、模范；

初始阶段、形成阶段、已完成水平、模范水平；

还需努力、良好、优秀；

刚刚起步、形成阶段、实践阶段、熟练阶段。

新手、熟练、杰出；

高水平、中等水平、低水平；

高级、熟练、部分熟练。

资料来源：邵朝友.评分规则的开发与应用研究[D].上海：华东师范大学,2007:51.

五、如何区分不同表现水平的差异

一旦确定了水平等级，就需要进一步描述出相应的表现特征。一般来说描述时可先从期望所有学生必须达到的水平等级开始。例如对于五点量表（如 A、B、C、D、F），其中水平"B"是每个学生的学习目标，那么可以此作为最先撰写的表现水平，然后撰写"A"水平或者"C""D""F"水平。另一常用办法是先描述出最高水平，然后依次描述其他水平。例如，可先描述出最高水平"A"，然后再描述水平"B""C""D""F"。

区分量表各个水平的常见处理方法是通过加减关系来实现。例如，水平五被描述为比水平四做得更好一些或更多一些，或者水平四被描述为比水平五稍差一些或更少一些。下述例子就是一个逐步递加的量表[①]。

实验报告结论

水平五：报告安排得有逻辑、有条理。

重述实验假设；

说明数据是怎样支持假设和拒绝假设的；

---

① 沃尔弗德,安迪生.等级评分——学习和评价的有效工具[M].国家基础教育课程改革"促进教师发展与学生成长的评价研究"项目组,译.北京：中国轻工业出版社,2004:72.

在数据解释的过程中从课堂内容、测验等方面收集资料；

识别和解释非预期结果和由于实验失误所造成的结果；

运用科学术语（反映对实验中涉及的科学原理的理解）；

说明接受还是拒绝假设。

水平四：报告达到水平五的前三个和其余四个标准中的任意两个标准。

水平三：报告达到水平五的前三个和其余四个标准中的任一个标准。

水平二：到达七个标准中的任意三个标准。

水平一：达到两个或更少标准。

　　这个例子是从水平五开始，然后逐步递减。也可以是从最低水平开始，然后逐步递加。例如，水平四：达到水平三的所有标准，同时至少在其中的一个方面做得更好。

　　区分量表各个水平的另一常见处理方法是通过相互独立关系来实现。在这种情况下，各个水平是代表不同质量的，往往用不同水平的动词加以区分。以下就是一个通过相互独立关系来实现的例子。①

解决文中描述问题的方法

水平五：学生综合解决这一问题。

水平四：学生分析问题。

水平三：学生解释问题。

水平二：学生描述问题。

水平一：学生仅仅确认了问题或者根本就没有提这一问题。

　　在这里，通过"确认""描述""解释""分析""综合解决"等词语，不同水平之间的差异得以区分。

　　实践中还存在另外一种比较典型的处理方法，它是对于某个知识主题罗列出所有维度，用程度副词或形容词描述每个维度。如把思想性、组织性作为写作的评价维度，那么最高水平特征往往是"在思想性上非常深刻，在组织性上很有逻辑"，中间水平特征是"在思想性上比较深刻，在组织性上比较有逻辑"。这往往要用比较性程度副词或形容词来说明。这种方式背后的思想是，不同维度并非存在泾渭分明的"有"或"无"，而是每种水平都含有评分维

---

① 沃尔弗德，安迪生. 等级评分——学习和评价的有效工具[M]. 国家基础教育课程改革"促进教师发展与学生成长的评价研究"项目组，译. 北京：中国轻工业出版社，2004：73.

度,要表达出各表现水平程度上的差异,因此势必要先思考有哪些指标是可以被评价的,其次是如何用程度副词或形容词修饰各维度。由于动词＋名词组合是描述学习要求的基本句法结构,因此往往会用副词或形容词来描述动词或名词。

这样借助副词或形容词来修饰不同指标,就可以明确不同维度上学生表现的差异。例如表 3-3 从广度、频率、熟练、深度、创新、品质六个维度描述四种表现水平。[①] 可见,该方法本质是对达成某种学习目标程度的描述。

表 3-3 描述表现水平特征的六个维度

表现水平	广度	频率	熟练	深度	创新	品质
A	广泛地	始终一贯地	自动地	极富洞见地	有创意地	优异地
B	完整地	通常地	迅速地	深刻地	富有想象地	很好地
C	部分地	偶尔地	断断续续地	粗浅地	平凡地	有限地
D	狭隘地	罕见地	缓慢地	表面地	模仿地	较差地

链接 3-7

应用多种方法区分表现水平

区别表现水平的不同方法并非是绝对各自独立使用的,它们可以合并使用。教师可以先思考能否利用动词法来区分表现水平,如果不能就思考用加—减法。当加—减法只能初步区分不同表现水平的特征时,或者说如果"学生表现"并非纯粹的"有或无",那可思考用形容词或副词法,如果再配之于表现样例,可以说清楚表现水平特征。例如下表可视为台湾地区阅读能力主题所包含的维度"综合评鉴"的评分规则,就是综合运用了加减法和形容词或副词法。具体而言,该表总体上由于其表现标准包含的内容相对较少,因此"综合评鉴"的A、B、C、D都包含大致相同的条目,个别地方运用第二种方式,如"综合评鉴"的 A、B、C、D 就没有包括同样的条目。同时,在不同等级下又体现第三种方式,如 A 等级的"4"与 B 等级的"4"相差在于"简单"两字。

---

① Illinois State Board of Education. Physical development and health performance descriptors[EB/OL]. http://www.isbe.state.il.us/,2011-09-06.

A	B	C	D	E
1. 能整合、比较文本或跨文本间的重点与支持的细节，并提出个人的观点与证据。 2. 能评鉴文本的逻辑连贯性，或论据、实例的适切性，并说出其依据和理由。 3. 能指出并评鉴文本形式的特色与达到的效果，并评论其适切性。 4. 能指出文本如何反映文化与社会现象	1. 能整合、比较文本或跨文本间的重点与支持的细节，并提出个人的观点。 2. 能评鉴文本的逻辑连贯性，或论据、实例的适切性。 3. 能指出并评鉴文本形式的特色与达到的效果。 4. 能简单指出文本如何反映文化或社会现象	1. 大致能整合、比较文本或跨文本间的重点与支持的细节，并简单提出个人的观点。 2. 大致能评鉴文本的逻辑连贯性，或论据、实例的适切性。 3. 能概略指出或简单评鉴文本形式的特色	1. 仅能有限地评鉴文本的逻辑连贯性，或论据、实例的适切性。 2. 仅能粗浅地指出文本的基本形式	未达到 D 级

资料来源：台湾地区教育管理部门. 台湾中学学生学习成就评价标准（试行）[EB/OL]. http://140. 122.106.29/index3.html，2012-12-12.

六、如何处理措辞（诸如"充分的""适当的"）

各种水平实质构成了表现连续体，它们的各自特征必须可用描述性的语言来描述，而且不同水平之间的区别是清晰的，应以区分不同等级水平的关键特征来呈现，尽量少用表示程度或频次的副词，如非常、比较、基本、很少。但不可避免的是，在评分规则中经常会出现诸如"充分的""适当的"等措辞。这其实就是应用上述形容词或副词区分不同表现水平时必须付出的代价。那么，如何处理这些措辞？让我们先来看"适当的""正确的"和其他类似词语在一个例子中的用法。下述量表①是为学生统计学作业设计的，其中黑体字强调突出了像"好的""正确的"等词语。

假设的成立

水平三：**正确的**问题描述中有零假设或者备择假设。α 水平的最佳抉择。

水平二：有**正确的**问题描述，但是没有备择假设，也没有 α 水平的抉择。

---

① 沃尔弗德，安迪生. 等级评分——学习和评价的有效工具[M]. 国家基础教育课程改革"促进教师发展与学生成长的评价研究"项目组，译. 北京：中国轻工业出版社，2004：73-74.

水平一：问题的描述是模糊的，或者是不完整的，或者假设不正确。

人口随机样本

水平三：**正确地**对人群进行了界定，在从人群中随机抽样时按照**正确的**程序进行。样本容量的大小对于数据的收集来说是**合适的**。

水平二：所得样本是**适当的**，但是明显地表现出还可以进行更细致的工作。

水平一：样本是非随机的，在研究中所用的样本是有人为倾向性的，同时也是**不合适的**。

变量的测量

水平三：**正确地**使用了**合适的**测验设备（如果必要的话）。对数据的记录**适当**且易于理解。

水平二：以上所列举的特征中至少有一个缺少。

水平一：数据是如何获得的这一点并不明确，或者使用的方法不清楚，使人难以理解。

这门统计学课程采用了专家们普遍认同并被广泛认可的步骤。"正确的""合适的"等诸如此类的词语所指的就是这些步骤。在一些情况下——如在"变量的测量"这一表现维度的第三种水平——它可能需要我们花费半本统计学教材为学生解释"合适的"测量工具是什么。为了解释这些词语，教师是否和在多大程度上修改自己的量表，完全取决于他的学生和他的目的。

当教师尽力编制量表时，我们前面提到的那些词语会不断地出现在他的脑海中，对于这些词语的选择必须以应用为基础。如果符合他自己和学生的理解能力，任何一种应用这样词语的水平都是足够能被理解的。如果量表为其他读者所不熟悉，那么这些词语就需要进一步具体化，甚至为这些词语下定义或制定标准。

在处理这样的问题时，还可用学生作品对每个水平加以说明。如下述节选的案例中就用相应例子对量表做更具体的说明。①

观点的综合

水平四：表明了综合这几篇文章主要观点的视角，并由此创造出在观察阅读中综合几种

---

① 沃尔弗德，安迪生.等级评分——学习和评价的有效工具[M].国家基础教育课程改革"促进教师发展与学生成长的评价研究"项目组，译.北京：中国轻工业出版社，2004：75.

主要观点的有益方法。这样，就将阅读内容作为一个整体赋予了更多的意义，而不是将这些主要观点单独、相互独立地进行表述。

　　例如：农村和城市的暴力在发生频率上是不同的，但是在强度上却是相同的。因为，它们都影响到当事人的生命。

　　这个实例是在开发评分规则时用以区分"清楚"和"模糊"的一种方法。另一个实用方法是，着力描述那些具体的、可观察的、可评价的内容。例如，为了判断一个档案袋是否能反映教师的反思性实践，我们可能会追问：在这些书面材料中必定有一些具体的、可观察的特征促使我们得到这样的结论，即各个档案袋表明了这是一个具有反思性意识的教师，或者不是一个具有反思性意识的教师。那么这些特征是什么？仔细考查师范学生的文本材料，教师们看到那些在反思性实践中得高分的学生有下面所列的这些特征[①]，这些学生作品的具体特征的详细描述，能帮助我们对诸如反思性实践的这些品质有明确的认识。

● 他们明确提出他们自己和正在一起工作的学生为什么表现出特定的行为；
● 他们从有关教学的理论陈述和假设角度来说明原因和结果，而且通常采用现在时；
● 他们通常记录疑问和两难问题；
● 他们记录和描述他们自己的或他人的行为方式；
● 他们汇报他们正在进行的反思性思考，如：整个一周，我都在想为什么兰地（Randy）做出如此令我吃惊的行为；
● 他们表现出思考的、疑问的要素；
● 他们记录对从数据资料和经验中做出结论有用的缺省信息；
● 他们假设成因、联系和结果。

　　尽管这些"正确的""合适的"词语会影响我们对评分规则理解的一致性，我们应尽力消除它们的负面影响。但正如上文所示，由于学生表现的复杂性，难免需要用到这些词汇。具体撰写时，除了可参考表 3-3 用以描述表现水平的六个维度的形容词或副词外，还可借鉴一些相关表示表现程度的副词或形容词。表 3-4 的四点量表提供了描述各种表现水平的形容词与副词。

---

　　① 沃尔弗德，安迪生. 等级评分——学习和评价的有效工具[M]. 国家基础教育课程改革"促进教师发展与学生成长的评价研究"项目组，译. 北京：中国轻工业出版社，2004：76.

表 3-4　描述表现水平的常用形容词与副词

D	C	B	A
没有	少于……	多于……	所有
根本不	很少,几乎不	经常	总是
完全不	不够完全	相当完全	完全
不充分的	不够充分	充分	优秀
不满意的	少数	满意	最大化
不清楚	模糊	理解的	清晰
难以接受水平的	有时	达到可接受的水平的	精确
不准确的	不清楚/不精确	包含了大部分因素的	到达最高水平的
不清楚的	包括少部分因素的	相当准确的	包含了所有的因素
不合适的	相当不适当	有一定程度的清晰度的	清楚
严重缺乏的	相当不清楚	相当合理	确切
不连贯	有限	重要的	合适
不重要	有些关联	关键的	包含所有必要因素
不必要	相当有用	富有思考的	积极
无逻辑	有些合理	有一定的直觉的	关键、重要

一旦我们完成表现水平的撰写,可参考下述高质量的描述语特征来加以判断:

描述性:作品中的表现用可观察的语言来描述;

清晰性:教师和学生都能理解描述语;

全面性:描述出各种水平连续体的特征;

区分性:能清晰地区分不同水平,并以具体学生作品加以说明;

聚焦性:课程所欲达到的学习目标体现在表现水平中;

同一性:不同水平特征都含有对同一要素的描述。

七、明确量表是绝对量表还是相对量表

假设你在评价写作时选用一个 6 点评分规则,一位大一年级学生获得"3",一位大四年级学生也获得"3",他们所达到的写作水平相当。同样得"3"的大二年级学生和大四年级学生的写作水平相当。即使你把作品混杂在一起,不告诉评分者哪个作品是哪个年级的,作文的最后得分也还是一样的。在这种情况下,这样的评分规则就是一个绝对量表,因为在这里,是哪个年级并没有关系——"3"分就是"3"分。

在另一种情况下,你也许会在各个年级用同一个评分规则,但是各个年级同一个评分点选用了学生作业为样例。这样,大一年级的"3"与大四年级的"3"就是不相同的,后者代表了更高的水平。一份作业的得分与年级水平有关,例如一份作业来自大一年级,你会认为非常

优秀,但如果是来自大四年级,你的评价可能就是非常一般。

因此,在制定评分规则时,尤其是那些在不同年级都涉及的教学内容,需要教师明确评分规则到底是绝对量表还是相对量表。

八、如果对量表的分数感觉不合适怎么办

在开发评分规则时,经常会出现一个现象,即你以为那是一篇比较优秀的学生作品,想给它一个高分,但是却感觉这篇作品离 A 等级水平尚有距离,似乎还缺少点原创性、创造性。让你更加困惑的是,评分规则并没有包括你正在使用的这些表现维度。

这时,你应该回过头来看看那篇让你犹豫的学生作品,把它和比它分数低的作品进行比较,然后问自己:我的量表还缺少什么? 什么才是我认为最重要的? 尽量在量表中寻找。如果你需要的是原创性,就要尽最大可能去定义和描述它,并且使它成为量表的一部分。如果你不想给任何一个没有原创性的作品 A 等级水平,那么相应地就要给你的量表增加内容。

九、开发过程中如何看待学生的参与

不少教师喜欢邀请他们的学生参与评分规则的开发。例如,一位科学教师要求他的学生根据他们的观点,集体讨论得出口语表达的一系列表现维度。学生提出了如"讲话者发言清晰,每个人都能听到""有适当的目光交流""使用清晰、正确说明的图表""有顺序地解释实验"等有代表性的意见。

在建立评分规则时,这些意见就可能被教师合并使用。例如,这些建议中所提到的一些表现维度可能包括"讲话的声调或姿态""图表""结构组织"。在"讲话的声调或姿态"这一表现维度建立量表时,学生们经过讨论认为,得高分者讲话应该清晰、让每个人都能听到、和房间中的每个人保持目光交流,等等。总的说来,让学生参与评分规则开发并不是什么坏事,不仅可以让学生更好地理解评分规则,也可以帮助教师开发评分规则、理解学生的想法。

十、什么时候公布评分规则比较合适

一旦研制好评分规则,教师将面临一个非常实际的问题,即是否马上公布评分规则。什么时候公布评分规则主要取决于评价的目的和评分规则类型。评价目的一般包括两大类,一是评估学生的学习,二是促进学生的学习。如果是评估学生的学习,例如为了问责,那么在研制出评分规则后就不能事先把它告诉学生,因为学生将获得"答案";如果是促进学生的学习,尤其是那些用来评价如写作等累积性的学习目标时,则需要告诉学生评分规则,以便

为学生自我评价或同伴互评提供努力方向。

此外，如果所开发的评分规则是特定任务的评分规则，那么最好在学生完成作业前不要事先公布。这是因为提前公布特定任务的评分规则，同样也意味着它将泄露答案，进而可能导致学生失去思考能力。

第3节　案例：实验报告 PTA 量表的研制

一、开发背景

本案例[①]由马里兰州托森大学（Towson University, Maryland）的安迪生（V. J. Anderson）开发，她是一位生物学教授。在新学期到来之际，她确定了高等生物课程的目标——学生能够利用科学原理进行初步的科学研究，并分别以口头和书面的形式向科学社团交流他们的研究。

安迪生认为，应用基本要素分析（primary trait analysis, PTA）是达成上述课程目标的重要措施。PTA 确立了一个可以用来评价任何一种学生表现或者如书写、口语、临床、艺术等综合表现的评分方法，可作为教师明确表述评分标准的方法，它在课堂上的使用可以使等级评分标准更加清晰具体。究其实质，PTA 的要素可视为由评价对象构成，其量表等同于分项/通用评分规则。

当安迪生在编制 PTA 量表时，她正承担着每天 12 个小时的工作量，又在离家 80 公里的研究所攻读博士学位，当时她还是一个带着两个少年和一个婴儿的单身母亲。虽然量表编制耗时巨大，但是安迪生觉得它是非常有意义的。这是因为：它可以使评价更加可靠、公平；在评价过程中节约了时间；能具体地诊断学生的优势与不足，以便进行更有效的教学；可记录学生在几个学期内的成就变化，从而看到教学改革是如何影响学生变化的。

二、开发过程

安迪生建立生物科学实验 PTA 量表的过程，以下述基本步骤展开：

1. 选择一个想要进行评价的测验或作业，明确该项任务的目的。安迪生在开始研制生物科学实验 PTA 量表时，选择了以前的学生试卷为样本，其中包括各种水平的试卷，尽

---

　　①　沃尔弗德，安迪生.等级评分——学习和评价的有效工具[M].国家基础教育课程改革"促进教师发展与学生成长的评价研究"项目组，译.北京：中国轻工业出版社，2004：62-66.

量想办法从过去的学生成绩、等级评定表、作业或测验的评语等获取建立 PTA 量表所需的信息。

2. 确定在评价中起重要作用的标准或要素。接下来，安迪生问自己，"我想要测量的基本要素有哪些？"这些要素是对学生等级评分起重要作用的因素，一般以名词或名词短语的形式加以描述。比如"主题""与大家的目光交流""色调的使用""变量的控制"等。为了获得要素，除了利用作业、等级答案表、同伴反应及其他资料，安迪生还与同事沃尔弗德（B. E. Walvoord）进行了交流。例如，安迪生与沃尔弗德具体讨论了对于一个科学实验报告来说，好的开头应该包括什么，以及好的开头为什么不能用引语。最终，安迪生确定了 10 个要素。

3. 为每一个要素建立 2～5 级水平的量表。安迪生接下来的任务是描述每个要素在不同表现水平的特征，她设定了 2～5 级表现水平，并应用了描述性语言。例如，对于材料与方法要素，设置了 5 级水平，其中水平 1 的特征是"实验描述极其缺乏，或使用了不科学的方法致使实验不能被重复"。

4. 用量表对一个学生作品进行试评，或者和同事进行商议并进行修改。安迪生建立量表后，觉得和同事商议还是非常有必要的。因此，她和沃尔弗德一起讨论量表初稿，并各自用量表对几份试卷进行评分。评分的差异促使她们进一步修改各自观点，对量表的完善起到很关键的作用。

三、开发结果

安迪生的生物科学实验报告 PTA 量表为五点量表，含有 10 个要素，分别是标题、介绍、科学格式的要求、材料和方法、非实验信息、实验设计、操作定义、变量控制、收集数据得出结论、解释数据。下面以材料和方法要素为例做一简介，其他要素请参考附录 E。

材料和方法要素的要求

5＝包含有效的、数量充分的、简明的信息，并且实验能被复制；报告的所有部分信息都可以追溯到本部分，明确所有收集数据的来源，以一种适当的时间顺序明确后续信息；不包括啰嗦的过程描述。

4＝同 5，但在这部分中可能包含不必要的信息或啰嗦的过程描述。

3＝表明实验可以重复，报告的信息都可以追溯到本部分，但不能识别某些数据的来源，或以无组织的方式呈现后续信息。

2＝实验能够最低限度地重复，部分基本设计能被读者推理出来，过程没有充分的描述；

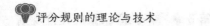

在阅读材料和方法部分时,结果或结论的信息不能预期出来。

1＝实验描述极其缺乏,或使用了不科学的方法致使实验不能被重复。

练习 3-2

阅读科学实验报告 PTA 量表研制案例后,请思考:

1.该评分规则是什么类型的评分规则?它主要采取什么开发思路?

2.该评分规则采取了什么样的描述方式?其中的"要素"代表什么?

3.请自拟一个学习目标,以小组合作形式开发相应的评分规则。

第 4 节　评分规则的质量标准

一、高质量评分规则的特征

与其他产品一样,评分规则也需要有质量标准,以其作为研制结果的审核准则。高质量的评分规则应具备四个特征,分别是——基于目标、描述清晰、实用可行、关注公平。

(一)基于目标

如果评分规则的内容是用来评定学生成果或表现水平的依据,评分规则的内容应体现出学习目标的要求,即至少满足两方面的要求,一是评价的内容是学习目标规定的,二是在认知要求上也应与学习目标的要求相一致。

评分规则要描述那些重要的内容。不管课程标准、课程大纲或教材是如何规定的,评分规则就应该是教师和学生决定要采取什么措施来获得成功的依据:他们所看到的就是他们需要去做的。所以,合格的评分规则的一个基本特点就是要涵盖成果和表现的不同水平,而排除那些无关紧要的内容。

如果一个评价规则没有包括真正重要的内容,那么教师不会选用它,学生也不能从中了解好的成果与表现的关键因素,而且你会发现,使用这样的评分规则,自认为优秀的学生可能会得到低分,而感觉不满意的作业却可能得到高分。具体考查"基于目标"这个维度时,教师需要考虑:

● 我能自我解释为什么把这项内容放进评分规则中,或者为什么不把另外一项内容放进去吗？我这样做的理由是什么？是对学习目标的正确解读，还是来自有关权威性参考文献？

● 评分规则所指内容是不是代表了本课程要求的高阶学习成果，如学生表现技能或问题解决能力，或者是批判性思维、合作技能？这些考查的内容是不是我想要考查的内容？

链接 3-8

核查评分规则与学习目标关联的问题

1.评价标准是否涉及了额外的内容？评分规则的标准是否包含了所测内容的所有方面？评分规则是否包含了任务中所需评价的所有内容？

2.评分规则是否评价了表现过程的所有方面？是否存在与表现过程无关的描述？

3.评分规则是否反映了迁移至将来或相关的表现所需素养？评分规则是否评价了将来或相关的表现所需素养的重要因素？评分规则是如何评价将来或相关的表现所需素养的重要因素的？评分标准是否反映了将来或相关的表现所需素养的所有方面？

资料来源：Rudner L M，Schafer W D. What Teachers Need to Know about Assessment[M]. Washington，D. C. ：National Education Association，2002：80.

（二）描述清晰

即使评分规则覆盖了学习目标的有关要求，但如果没有清晰的描述，评分规则使用者将不能获得具体的信息。评分规则必须足够明确，使得教师、学生和其他人对评分规则的内容和术语都有一致的理解。评价评分规则的描述是否清晰，可从四个方面来进行：

一是量表本身是否具体地反映了学习目标的要求。高质量的评分规则应呈现出考查任务指向的知识点及其要求，而且描述应是具体的，不会产生歧义的理解。

二是评分点数目与目标是否吻合。评分点数目其实就代表了学生表现的水平的数目，也是学生达到学习目标的不同表现程度。如果水平数目过少，教师和学生就很难区分学生不同的表现水平，也难以发现存在的问题；如果水平数目过多，区分不同学生表现水平将变得非常琐碎，有时甚至难以操作。

三是每个等级的水平描述是否明确。每个等级的描述符号代表了不同水平的表现，良好的描述符号能让评价者容易区分出不同表现水平的关键区别。值得警惕的是，需要尽量减少描述符号中出现"完全合格""基本合格""完全不合格"这样的程度副词，因为这样的副

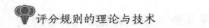

词并没有明确地告诉评价者不同水平之间的关键区别是什么。如果可能的话,每个等级水平还应配置相应的学生表现案例。

四是评分规则的整体呈现是否简洁。这其实就是要考虑如何组织评分规则各组成部分。良好的结构能让评价者一目了然地明白评价的内容,而且无论是对于教师还是对于学生评分规则的"界面"都是友好的。如果条件允许,可用学生的语言来描述评分规则,让不同层次的学生阅读评分规则,并对学生不明白的词语或句子加以修改。

(三)实用可行

内容完整、描述清晰的评分规则,如果使用起来很麻烦,那也没什么实用价值。实用可行意味着,教师和学生能很快理解并掌握评分规则,教师借此做出教学决策,而学生借此追踪自己的进步,而且不同评价者的评价结果是比较一致的。简而言之,实用可行就是要求评分规则为评分提供相对一致的评价结果,能为教师教学和学生学习提供有效帮助。判断评分规则是否实用可行,教师需要考虑这样几个问题:

● 学生能很快地理解评分规则的说明吗?哪些地方是他们不能理解的?

● 学生能应用评分规则进行评价吗?他们能追踪自己的学习进步轨迹吗?

● 评分规则是否便于我使用?能为我的专业实践带来便利吗?

● 两个教师会对一件成果或一个表现给出相同的评定吗?

● 根据评分规则中描述的水平,我能找到与之相符的学生作业或表现吗?

● 如果一个学生问为什么得到某个分数,我能做出正确的回答吗?

● 根据评分规则评出的结果,我能在下一步教学中做出相应的改变吗?

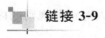 链接 3-9

提高评分信度的办法

评分信度包括评价者间际信度与评价者内部信度。评价者间际信度关注的是不同评分者对学生作品的评分结果,评价者内部信度关注的是同一个评分者对同一作品的评分结果。提高这两种信度的常见方法有:

1."样例试卷(anchor papers)"分析方法:样例试卷代表了学生系列反应的水平,它能具体表明评分规则的细微不足。评分者在评价过程中参考样例试卷来说明不同评分水平。当评分规则中的分类完成后,教师被要求使用评分规则与样例试卷来评价学生系列反应。任何教师之间所评的不一致分数都要求评分规则中的相应组成要素必须得到进一步的解释;

任何教师之间理解上的差别都必须经过讨论,评分规则的调整应该是协商、交流的共识结果。虽然协商和交流过程很消耗时间,但它能大幅度提高评价者间际信度。

2."师生共享评分规则,提高评价者内部信度"分析方法:由于评价受外界多方面的干扰,如学生的背景、教师的固有偏见,因此即使评分规则很完美,评价结果也可能很不一致。为了尽量消解外界所带来的这种干扰,在评价之前教师应尽可能地与学生分享评分规则。当学生了解了评价标准后,他们也就明确了自己需要努力的方向,他们能依此做出相应的反应,而不会做出那种与评价要求无关的反应。这样无形中也就有效地消除了教师固有的一些偏见和看法,也阻止了其他一些外界因素的干扰。

资料来源:Rudner L M, Schafer W D. What Teachers Need to Know about Assessment [M]. Washington,D. C.:National Education Association,2002:84.

(四)关注公平

关注公平是考查评分规则质量的最后一个维度,主要要求评分规则的评价过程和结果对于所有的学生是公正的。

评分规则的内容应经过正式审阅,不含偏见,在使用评分规则时需要考虑所有可能的条件,如学生的笔迹、性别或种族并不会影响评定的结果。评分规则使用的措辞应温和,是在描述学习表现的一种状态而非判断学习价值。

二、评分规则的元规则

依据上述观点,下面尝试构建相关的评分规则的评分规则,即元规则①。本元规则为通用—分项评分规则,采取五个等级,其中"4"与"2"空缺,表示介于相邻水平之间,"5"为最高等级,代表直接使用,"1"代表刚刚起步,"3"代表需要修订,具体应用时可以依据实际情况来定(见图 3-1)。

---

① 本评分规则参考了以下资料:阿特,麦克泰. 课堂教学评分规则——用表现性评价准则提高学生成绩[M]. 国家基础教育课程改革"促进教师发展与学生成长的评价研"究项目,组译. 北京:中国轻工业出版社,2005:43-66;Arter J,Chappuis J. Creating & Recognizing Quality Rubrics[M]. Portland:Educational Testing Service,2006:107;Borich G D,Tombari M L. 中小学教育评价[M]. 国家基础教育课程改革"促进教师发展与学生成长的评价研究"项目组,译. 北京:中国轻工业出版社,2004:185-203.

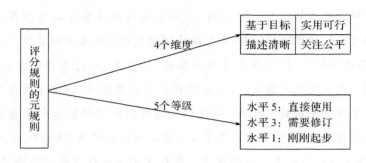

图 3-1　评分规则的元规则框架

　　下面呈现的是四个维度不同等级的表现,该评分规则可作为评价评分规则质量的评价标准,它可为教师开发和应用评分规则提供自评参照。

维度一:基于目标

水平 5:直接使用

● 内容完整而确切,内容及其认知要求与学习目标保持一致。

● 根据你的从教经验,你认为评分规则的内容就是你评价学生作业或表现时所需要的。

● 制定者选用的内容既有代表性又很完整。评分规则涵盖了所有重要的因素,没有多余或无用的内容。

● 对表现的各个方面有适当的侧重,对重要内容强调得多,对次要内容则描述得少一些。

● 评分规则的内容很生动。它能帮助你理清思路,知道什么样的表现是合格的。它还能帮助你促进学生对合格标准的认识。

水平 3:需要修订

● 评分规则的内容不完整。虽然大部分内容与要评定的技能或者表现有关,略经修改就能完善那些被遗漏或省略掉的重要内容。

● 根据你的从教经验,你认为评分规则的内容就是你评价学生作业或表现时所需要的。虽然其中某些内容并不完全确切或者没有突出重点,但你还是能够看出这个评分规则的适用范围。

● 对表现的各个方面都比较注重,不但对重要内容强调得多,对次要内容也描述得多。这些与评定目的无关的内容可能导致对学生表现做出不恰当的评价。

● 经过细致的思考,你能从评分规则中理解什么样的学生表现是合格的。

水平 1:刚刚起步

● 尽管评分规则的内容很多,但它的要点不集中,结构松散。

● 虽然你认为评分规则的内容就是你评价学生作业或表现时所需要的,但具体实施时发现许多内容是评分规则不能评价的。

● 全面地关注不同学生表现的各个方面,但重要内容并没有得到强调。

● 很难让使用者简便地看出评分规则所适用的年级段。

维度二:描述清晰

水平 5:直接使用

● 最高等级的描述反映了学习目标的要求,描述具体,不会产生歧异。

● 评分点的数目代表了学生表现的不同典型水平,依据这些评分点的描述能区分学生不同的表现水平。

● 每个等级的水平描述明确,用词准确且易于理解,能抓住代表不同水平的典型特征,并至少配置两个相应的学生表现案例。

● 评分规则的整体呈现非常简洁,各个内容组织有序,评价者一目了然地明白评价的内容,而且无论对于教师还是学生评分规则的"界面"都是友好的。

水平 3:需要修订

● 最高等级的描述反映了课程标准的要求,描述具体。

● 评分点的数目代表了学生表现的不同典型水平,但一些区别不同表现水平的描述,如程度副词,不能用来区分学生不同的表现水平。

● 每个等级的水平描述具体,个别水平没有配置相应的学生表现案例。

● 当质量比数量更重要时,评分规则却在强调那些统计数字。

水平 1:刚刚起步

● 对表现的不同水平的描述采用了简单的方式,如"特别的""非常""有些""有一点"和"毫无",或者"完全的""充分的""相当好的""一点"和"一点也不"。

● 评分规则的内容毫无组织性。制定者好像不能挑选出哪些因素是最关键的,或是最能说明问题的。整个评分规则看起来像一份头脑风暴列表。

维度三:实用可行

水平 5:直接使用

● 在不同教师对同一个成果或表现给出评定的情况下,整体的评分一致性较为合理,单个评分点上评分者一致性很高。

● 如果评分规则是绝对量表,教师能用此对不同学校、不同时间和不同学生的作业使用一致的评分标准。如果是相对量表,教师可以在不同的时间、不同的学校,对处于同一年级段的不同学生作业使用该评分规则。

● 评分规则的操作性强,没有太多需要理解的东西;教师与学生能很快掌握它的用法。

● 评定结果可以直接为下一步的教学目标所用。比如说,如果学生的写作技能较差,这一评分规则能告诉你该如何开展教学以改善学生在写作上的表现。

● 为了促进学生学习,涉及复杂的成果或表现时,评分规则通常是分项评分规则而不是整体评分规则。

● 评分规则多是通用评分规则而不是特定任务的评分规则。换句话说,评分规则可以用于较广泛的领域,而不是只能用于特定的内容或任务。

● 学生可以运用这一评分规则修改自己的作业,提出学习计划,并发现自己的进步。评分规则对学生使用的方法有具体的指导。评分规则说明得非常清晰,使得那些成绩较差的学生也能知道提高成绩的措施。评分规则中的评定是发展性的:低分也不意味着"差"或"失败"。

● 是适合学生使用的评分规则版本,学生们很愿意使用它。

水平 3:需要修订

● 在不同教师对同一个成果或表现给出评定的情况下,整体的评分一致性与单个评分点上评分者一致性低于"直接使用"水平的要求。

● 经过修改,根据这一评分规则,教师多数情况下能够对不同学校、不同时间和不同学生的作业进行一致的评分。

● 评分规则的操作性强,对于教师没有太多需要理解的东西,教师能很快掌握它的用法。

● 评定结果很难为下一步的教学目标所用。制定者好像没有考虑到评分规则对教师有什么帮助。制定评分规则的目的好像仅仅是为了提高大范围评价的效率。

● 选择评分规则类型时,没有考虑所涉及的复杂成果或表现,也没有考虑评分的目的。

● 学生在运用这一评分规则修改自己的作业、提出学习计划并发现自己的进步时有困难。

● 评分规则主要是适合教师用的版本,学生们不愿意使用它。

水平 1:刚刚起步

● 在不同教师对同一个成果或表现给出评定的情况下,整体的评分一致性与单个评分点上评分者一致性远低于"直接使用"水平的要求。

● 根据这一评分规则,教师在多数情况下不能够对不同科目、不同时间和不同学生的作业进行一致的评分。

● 评分规则的操作性弱,列出了太多要评定的内容,非常耗时,或者同时列出了所有内容,让人不知所措。
● 评定结果不能为下一步的教学目标所用。
● 选择评分规则类型时,没有考虑所涉及的复杂成果或表现,也没有考虑评分的目的。
● 学生不能运用这一评分规则修改自己的作业,提出学习计划,并发现自己的进步。
● 让学生自己运用这一评分规则几乎是不可能的。

维度四:关注公平

水平 5:直接使用
● 阅读难度适合正常班级的各个水平的学生。语言风格平实,适用于多种学习方式的学生,即使对以汉语为第二语言的学生,他们也可以理解这一评分规则的表达方式。
● 评分规则的内容经过正式的审阅,不含偏见,指出使用评分规则时需要考虑的所有可能的条件,如学生的笔迹和性别或种族并不会影响评定的结果。
● 措辞温和,是在描述表现的一种学习状态而非判断学习价值。

水平 3:需要修订
● 评分规则中有些内容的阅读难度不完全适合正常班级的各个水平的学生,但这个问题可以较好地解决掉。
● 有些措辞对学生不太温和,但这个问题通过处理可以得到很好的解决。

水平 1:刚刚起步
● 评分规则的阅读难度不适合正常班级的各个水平的学生。语言风格刻板,对某些学习方式有倾向性,对以汉语为第二语言的学生来说,评分规则可能会使他们处于不利地位。这些问题很难改变。
● 评分规则的措辞可能会伤害学生的自尊。例如,量表中对低水平表现的描述使用了"毫无线索"或"没有什么结构"这样的语句。这些问题很难被纠正。

三、评分规则样例评析

在本章结束前,下面举一个评分规则样例,并做出评析,以便读者更好地理解评分规则的质量要求。

本案例[①]乃关于发笑的评分规则,虽然显得诙谐、不够严肃,但很能说明评分规则质量

————————————

① Brookhart S M. How to Create and Use Rubrics for Formative Assessment and Grading[M]. Association for Supervision and Curriculum Development,2013:32.

的一些要求。该评分规则由三个维度组成,分别是音量、持续时间、肢体语言,四种表现水平则包括狂笑、大笑、咯咯地笑、轻声地笑。具体评分规则如表 3-5 所示。

表 3-5　关于发笑的评分规则

	水平 4:狂笑	水平 3:大笑	水平 2:咯咯地笑	水平 1:轻声地笑
音量	笑声引人注意,响亮得令人烦恼,其强度让人们或发笑者都不能注意其他声音	笑声很响亮,显得发笑者很没教养;房间里任何人都能听到笑声	笑声显得发笑者有点教养;笑声音量中等,能被附近的人听见	笑声能被旁边的人听见
持续时间	如果没有他者打断,笑声可能一直延续下去	笑声重复了好几次,停顿间隔好像是为了积蓄更多力气再笑	笑声中带有颤声,发笑者咯咯地笑了至少两个回合	发笑者发出轻声的鼻息声、嘘声、呵呵笑声
肢体语言	发笑者整体身体都在大幅度地动	除了脸颊,至少有一部分身体在动;可能肩部抖动或头部后仰	嘴唇张开,脸带微笑	嘴唇可能张开,也可能紧闭

依据评分规则的元规则来考查,该样例存在的问题可简要归结如下:

第一,该评分规则所指向的"学习目标"并不明确,它只简要地罗列了发笑的可能状态,并没有具体说明到底指向什么"学习目标"。

第二,一些维度的描述更像核查表的描述特征,例如"嘴唇张开"就无须评价者做出推断,只需对照量表就可以做出判断。这将导致评价者只关注这些外在的行为,而不是对行为所指涉内涵的思考。

第三,不少维度的描述不够清晰,例如"笑声很响亮"就需要评价者做出仔细的推断,不能为评价者提供实用的描述。又如"发出轻声的鼻息声、嘘声"也为评价者的判断带来很大的操作困难。

第四,总体上没有在描述语的具体性和模糊性之间保持适当的平衡。正如第二、三两点所示,过于具体的描述语使得评分规则异化为核查表,而过于模糊的描述语使得评价者之间不能达成基本共识。由于该评分规则是通用评分规则类型,因此更需要在这点上加以完善。

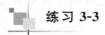 **练习 3-3**

请你自拟一条学习目标,开发相应的评分规则,并与同学讨论、修订该评分规则。

进一步阅读的资料

1. Arter J, Chappuis J. Creating & Recognizing Quality Rubrics[M]. Portland, Oregon, Educational Testing Service, 2006.

2. Mertler C A. Designing Scoring Rubrics for Your Classroom[J]. Practical Assessment Research & Evaluation, 2001(7).

3. Guba E, Lincoln Y. Fourth generation evaluation[M]. London: Sage, 1989.

4. 李坤崇. 认知情意技能教育目标分类及其在评量中的应用[M]. 台北：高等教育文化事业有限公司, 2009.

5. 邵朝友. 评分规则的开发与应用研究[D]. 上海：华东师范大学, 2007.

6. Roos B, Hamilton D. Towards Constructivist Assessment? [R]. Annual Conference of the Nordisk Forening for Pedagogisk Forskning(NFPF), Reykjavik, 2004.

第 4 章　应用评分规则开展改进学习的评价

导读

　　在阅读了前面三章后,你可能忍不住会问评分规则到底有哪些实际的用途? 例如,怎么利用评分规则评价学生的学习? 这是大家甚为关心的一个现实而重要的问题。本章试图从教师的角度尽量帮你回答这个问题。具体说来,明确学习目标后,本章将聚焦于评分规则的确定、表现性任务的研制、学生学习表现的解释、学生学习结果的反馈。

　　那么,为何优先确定评分规则? 怎么研制表现性任务? 好的表现性任务应具有什么样的特征? 解释学生学习表现是什么? 如何结合评分规则做出解释? 学生学习反馈有什么基本诉求? 如何结合评分规则向学生提供学习反馈? 关于这些问题,本章试图为你提供参考答案。

【本章学习目标】

◉ 了解应用评分规则开展学生学习评价的基本思路;

◉ 熟悉优先确定评分规则的理由及基本实施途径;

◉ 理解表现性任务研制的知识基础,并能尝试研制高质量的表现性任务;

◉ 理解为何评分规则可用于学生学习反馈、如何基于评分规则开展学生学习反馈;

◉ 理解解释学生学习表现的定位,并能基于评分规则解释学生学习表现。

【本章内容导引】

◉ 基于学习目标确定评分规则

　　一、优先确定评分规则的理据

　　二、确定评分规则的基本途径

◉基于学习目标研制表现性任务

一、研制表现性任务的原则

二、研制表现性任务的流程

(一)设置表现性任务

(二)审核研制成果

(三)完善研制成果

三、表现性任务的质量标准

◉基于评分规则解释学生学习表现

一、解释学习表现的定位

(一)解释学习表现:是什么

(二)解释学习表现:不是什么

二、基于评分规则解释学习表现的运行

(一)明确解释内容

(二)确定学习差距

(三)诊断学习问题

◉基于评分规则提供学生学习反馈

一、学习反馈的基本诉求

(一)指向哪些具体对象

(二)需要何种类型信息

(三)有效反馈有何特征

二、基于评分规则提供学习反馈举例

◉案例:利用实验报告 PTA 量表改进学习

一、实施背景

二、实施过程

三、实施效果

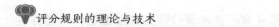

第 1 节　基于学习目标确定评分规则

一、优先确定评分规则的理据

开展学生学习评价有多种方式，都需要始于学习目标①。常见的做法是基于学习/评价目标研制评价任务，当学生完成评价任务后，依据评价标准（如评分规则）来对学生学习表现进行评分、开展学生学习反馈。

对于这种做法，可以把研制评价任务与制定评分规则的先后次序做一调整，即先制定评分规则，再研制评价任务。如此操作的理由在于：

第一，评分规则本身是对学习目标的具体化，优先确定评分规则有助于明确学习目标的要求，尤其在一些学习目标不够清晰的情况下，更能使评价任务的指向清晰。实际上，如果把学习目标当作学生应知所能的学习内容，那么评分规则就要描述出学生应知所能的不同程度。一旦描述出学习目标的不同表现程度，自然就明确了学习目标的要求，基于实际需要可以把其中某种表现水平作为学习目标。

第二，确定评分规则的过程有助于研制教学所需的评价任务。评分规则的不同水平描述了学生不同表现的特征，一些较低表现水平的描述中往往描述出学生的典型错误或表现。如果教师能利用这些典型错误或表现研制相应的评价任务，就能帮助教师更好地了解学生在这些方面的学习情况，使得教师教学与学生学习的诊断更具针对性。

第三，评分规则有助于教师建立起评价促进学习的意识。在以往，许多评价标准往往非常简单，它们大多是对学生表现的简单判断。加上深受总结性评价的影响，这样的评价标准往往被定位于评出学生等第，较少发挥促进学习的作用。如果教师先确定评分规则，它能引导教师思考学生学习问题的诊断、评价对于学生学习的意义。

---

① 在课堂评价层面，所有学习目标应当被评价，学习目标有不同的层级，在课堂层面学习目标是具体且可评价的，在这个意义上可粗略地把学习目标等同于评价目标。

 链接 4-1

评价目标与学习目标的关系

评价目标来自学习目标,必须与学习目标保持一致:

1.评价内容应该是学生所学的内容;

2.评价对学生在特定内容上的表现要求应当与学习目标的要求一致;

3.评价任务的情境或条件应当与学生学习的情境或条件一致。

资料来源:王少非.课堂评价[M].上海:华东师范大学出版社,2013:42.

二、确定评分规则的基本途径

在学习目标的关照下,确定评分规则的途径包括选择合适的评分规则、修改现有的评分规则、自行开发所需的评分规则。一般而言,选择或修改已有的评分规则比较容易,开发新的评分规则则较为困难。无论选择哪种途径,都要基于评价现场的需要综合考虑不同评分规则类型的优势与局限。例如,通用评分规则不仅可以用于等级评分,也能帮助学生学习,而特定任务评分规则更适用于等级评分,更多地被用于评定学生表现。

在这三种基本途径中,开发新的评分规则对教师提出的要求较高,因此在条件不成熟时选择或修改现有的评分规则是一种比较现实的做法。就实际而言,选择评分规则相对简单,如果它适合于教学现场,那将为教师省却大量时间和精力。但这样的好事未必经常发生,因为他人所用的评分规则很少能与教学现场相一致。因此选择评分规则后,还需要加以修改以便为自身教学所用。例如对于表 4-1①,为了帮助学生学习,可从以下四个方面加以完善:

第一,让所有维度构成的分数改为学生熟悉的百分制,并依据教学现场需要不断改动各个维度的分数权重。例如,发现学生在"组织"一项上表现比较差,那就可以加大它的分数权重,以引起学生的重视。

第二,修改一些描述语,如"作者有丰富的知识和敏锐的观察力"还太抽象,需要转化为具体的语言。

第三,尽量为每个等级描述出相应特征,而不是现在只有一个分数。需要时,可以把五

---

① 李佳芹.信息化教学评价量规的设计及应用研究[D].上海:华东师范大学,2005:41-42.

个等级水平转化为三个等级水平,或者把各个维度下的类别项目做一合并。

第四,必要时增加一栏,要求学生写下自己存在的问题和改进的目标。

表 4-1　学生网站评分规则

作品要素	类别	优	良	中	及格	差	得分
思想与内容 (25分)	信息精确、时效性强	5	4	3	2	1	
	信息来源于原始资料	5	4	3	2	1	
	作者有丰富的知识和敏锐的观察力	5	4	3	2	1	
	技术手段的使用有效	5	4	3	2	1	
	所有信息都与主题密切相关	5	4	3	2	1	
组织 (25分)	页面富有吸引力	5	4	3	2	1	
	版面设计合理,富有逻辑性,能起到很好的导航作用	5	4	3	2	1	
	信息查找方便快捷	5	4	3	2	1	
	页面之间使用了有效的过渡	5	4	3	2	1	
	页面跳转灵活	5	4	3	2	1	
语言 (25分)	结构清晰、连贯	5	4	3	2	1	
	语法与习惯用法使用正确	5	4	3	2	1	
	标点符号使用准确	5	4	3	2	1	
	拼写正确	5	4	3	2	1	
	站点几乎不需要修改	5	4	3	2	1	
技术 (40分)	链接有效	10	8	6	4	2	
	网站支持所有的浏览器	10	8	6	4	2	
	多媒体资源使用恰当	10	8	6	4	2	
	图形最优化	10	8	6	4	2	
综合等级							

第 2 节　基于学习目标研制表现性任务

一、研制表现性任务的原则

正如前述三章所强调的,表现性评价适用于那些需要基于观察、主观判断的高阶知识技能,如批判性反思、问题解决能力。表现性评价要求学生完成一个活动,或制作一个作品以证明其知识与技能等,即主张让学生在真实情景中去表现其所知与所能。与纸笔测试一样,表现性评价也需要通过载体来实施,这个载体就是表现性任务。评分规则与表现性任务是相伴相随的,没有高质量的表现性任务,评分规则质量再高也无济于事。

表现性任务是表现性评价的核心要素,自然要体现出表现性评价的特点,也意味着设置者已经默认了与表现性评价相关的某些关于深层学习的假设。一般说来,设置表现性任务时,必须遵守四个原则:

一是要求学生进行知识的建构。表现性评价的初衷是要求学生应用已知知识来解决问题,从而展现出某种实操或表现能力。其潜在要求就是表现性任务能为学生获取、建构新知识提供一个学习机会。

二是要求学生综合应用各种知识、技能。表现性评价往往需要学生进行问题解决,问题解决则要求学生具备策略思维。也就是说,表现性任务必须使得学生综合应用各种知识与策略,如陈述性知识与程序性知识,或一般的与具体的问题解决策略。

三是要求学生展现出所要考查的表现过程与结果。表现性评价不但关注学生的表现过程,也关注学生表现的结果。表现性任务则应对学生提出完成任务过程与结果的约定,这些表现过程和结果就是评价证据所在。

四是要求任务本身应尽量真实。相对于纸笔测试试题,表现性任务要尽量真实。这就要求表现性任务的背景、活动是来自于生活,特别是学生熟悉的日常生活。

因此,在表现性任务设置流程中,不但要基于任务本身所指向的具体评价目标要求,还要体现出以上这四个原则。

二、研制表现性任务的流程

像其他观察任务的制定一样,表现性任务的设置也要遵守一定的步骤。确定学习目标或评价目标后，可用图 4-1 所示的步骤来研制表现性任务。①

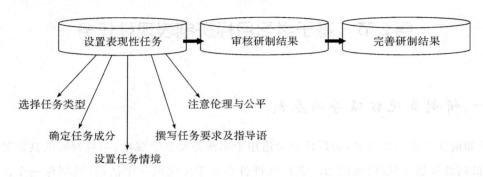

图 4-1　研制表现性任务的简要步骤

（一）设置表现性任务

学习目标为表现性任务提供了研制依据，从更大的范畴对表现性任务做出约定。具体至研制表现性任务，明确学习目标的要求后，需要考虑选择任务类型、确定任务成分、设置任务情境、撰写任务要求及指导语、注意伦理与公平。

1.选择任务类型。表现性任务大致可归纳为三大类：简短的评价任务、事件性任务、持续性任务。简短的评价任务通常用来判断学生对某一知识领域的基本概念、程序、关系以及思维技能的掌握情况，它们一般几分钟就可以完成。事件性任务用来评价诸如流畅性和问题解决技能等更广泛的能力，经常让学生以团队或小组的方式来完成。如对于评价目标"正确理解、应用运动学公式及牛顿第二定律"，可设置探索性实验"测量木块与木板动摩擦因素大小"这样的事件性任务。持续性任务是一种长期、多目标的项目，在一个学期或一个学习单元的开始可能就被分配下来。通常在学生解决这些富有挑战性的任务时，教师会设计一些活动和里程碑式的事件来为他们提供支持。

2.确定任务成分。任务成分的选择依据来自评价目标，它明确了所要评价的学习目标。然后思考如果学生掌握了评价目标将会有哪些表现，这些表现与评价目标之间构成推断关系。如对于上述"正确理解、应用运动学公式及牛顿第二定律"，基于此评价目标可确定学生必须具有如下表现：

运用公式、定律于具体情境；制定适切的实验方案；选择合适的实验仪器；能进行规范的操作；能处理好实验数据；撰写出规范的实验报告；两位学生之间表现出合作行为。

---

① 本流程的制作修改自：邵朝友.基于学科素养的表现标准研究[M].上海：华东师范大学出版社，2017：142.（具体修改时，省略了原流程的"确定评价目标"，并依据需要增加了"选择任务类型"。当然，从整个评价过程看，还需要在流程中加入"确定评价目的"，并为表现性任务研制评价标准，即评分规则。）

3.设置任务情境:设计实施表现性任务的条件、场景。通俗地说,场景是指背景和活动,条件是指表现性任务实施的时间、地点或需要使用的设备等。

依表现性评价之本意,任务情境用以引出学生表现,以便获得推断学生是否具备相关能力的证据。选择与设计情境受评价目标制约,类似"问题解决"评价目标通常要求任务背景和活动是真实的,是来自于学生日常生活。因此,条件允许的话,任务应尽量真实。

任务条件同样服务于评价目标,如规定学生可以得到外界帮助就可能降低任务难度,有时过度帮助甚至会改变评价目标本身;反之,学生缺乏必要条件,他们就没办法完成任务,也就无法开展评价,进而导致评价目标成为摆设。一般说来,任务制定者需要考虑如下核查项目:

(1)学生是否有充分时间完成任务?

(2)学生在完成任务时,可以使用何种参考资料或设备,如字典、课本、上课笔记、电脑软件/电脑、计算器,或者其他设施、材料?

(3)在学生开始自由活动后,如何监控他们,尤其是如何保障他们的人身安全?

(4)当学生出现概念误解时,是否或怎样给他们提供过程性的反馈信息?

(5)学生在完成任务时,能否求助于同学、老师或专家?

(6)学生是独立完成任务还是小组合作完成任务?

如对于前述"正确理解、应用运动学及牛顿第二定律",依据评价目标与核查清单可设置如下任务条件:

仪器包括一块木块、带有定滑轮的 1 米左右的木板、砝码、弹簧秤、秒表;时间为 2 个课时 80 分钟;地点在物理实验室。

4.撰写任务要求及指导语:撰写任务要求并给予学生完成任务的必要提示。一旦完成选择任务类型、确定任务成分、设置任务情境后,就可以把它们整合为任务要求了。如对于上例,可设计如下任务要求:

请设计一个实验方案,以小组合作的形式来测量木块与木板之间动摩擦系数的大小。你可选择如下仪器:一块木块、带有定滑轮的 1 米左右的木板、砝码、弹簧秤、秒表,完成时间为 2 个课时。

指导语的作用是让学生完成任务,而不受粗心等不必要因素的影响。从评价目的看,指导语是为了让学生能有更好的表现。有时根据实际情况,可不提供指导语。从评价目标来看,一旦评价目标确定了,要确保评价效度,必须让学生明白任务,但不能提供答案提示,或故意设计陷阱、出现与评价目标无关的其他因素。如对于前述"正确理解、应用运动学及牛顿第二定律",可能涉及如下部分指导语:

你需要研究实验原理,明确动摩擦系数大小,计算式子的推理过程,并在实验报告中呈现出这部分内容。

5.注意伦理与公平：考查任务是否对学生人身安全造成威胁,任务对每个学生是否都公平。任务要求与指导语的整合基本就构成了表现性任务,当完成它们后,还需要考虑在一个多元文化背景下,如何避免那些看似平常的事项可能对学生自尊的伤害。这方面常见的问题有:任务带有歧视性语言;用不同任务评价不同学生,而不同任务指向的评价目标不同;让学生在焦虑、紧张其至危险的情况下完成任务等。

(二)审核研制成果

完成上述各个步骤后,把它们加以整合以获得表现性任务,接着结合表现性任务的质量标准检查任务成分、任务情境、任务指导语与学习目标或评价目标的一致性,任务中的伦理与公平问题。有关表现性任务标准将在下文展开进一步论述。

(三)完善研制成果

最后,在应用表现性任务前,重新审视将要使用的表现性任务,并对发现的不足做出相应调整。有时当任务被执行后,如发现新问题,亦可重新修正任务。

三、表现性任务的质量标准

那么,高质量的表现性任务要具备什么特点呢? 它有怎样的判断标准? 在此我们不妨先看看低水平的表现性任务的典型特征:

● 即使学生作品是高质量的,也没有证据表明学生作品体现了要达成的学习目标;

● 学生不知道他们需要做什么,以至于不能表现出教师期盼的东西,或表现出他们已经达到的水平;

● 当学生在完成任务时,你还不断重复解释你期望他们表现出的东西;

● 完成任务的时间超出事先预计;

● 部分学生或全体学生难以获取完成任务所必需的资源或信息;

● 学生需要外界(如家长或其他帮助者)提供的帮助,超出原先的预设;

● 任务指向的所有学生成就目标过多,评价工作太重了。

要避免出现上述问题,开发表现性任务时教师应思考高质量表现性任务具备的基本特征,进而明晰其所含的具体要求。

(一)高质量表现性任务的特征

高质量的表现性任务应具有指向明确、采样充分、表达清晰、实施可行、公平可信5个基本特征,它们也是确定表现性任务质量标准的 5 个指标。这些指标之间并不是相互独立的,而是有着相互影响。如"表达清晰"就影响"公平可信",因为学生看不懂任务,就没有办法表现出其能力,进而导致评价结果不可信。

指标 1:指向明确

● 任务中的要求与学习目标是直接关联的。任务所产生的学生表现能用来判断学习目标指向的优良表现。也就是说,开发者要回答好两个问题:表现性任务是否要求学生提供了那些与成就目标无关的证据;表现性任务是否要求学生提供的证据仅仅集中于学习目标。

● 任务的评分规则包含了体现学习目标的要求,通过评分规则学生表现或作品能得以判断。需要多天完成的任务应附加评分规则,因为学生可以借助它进行自我评价或同伴互评。

指标 2:采样充分

● 任务数量对于测量学习目标和所需的各种判断是充分的。当教师评价任务的充分性时,必须思考"我是否有足够的证据来支持我的判断"。回答该问题的依据在于以下因素:

一是学习目标的复杂程度。一般说来,如果学习目标很简单,运用个别表现性任务就可以判断学生学业成就水平,反之亦然。比如说,一位语文教师用 1～2 个表现性任务就可以评定出学生阅读速度(这种学习目标范围相对窄化且聚焦),1～2 次的学生展示就可以显示阅读速度所包含的维度。然而,如果要评价学生能流利地大声朗读,可能需要几个表现性任务来明确你已经进行了有效的测量。这是因为这种学习目标更复杂,它包含了更多组成成分,如流利的定义就包括准确性、词组、表达等成分,教师需要更多的表现性任务来观察所有成分。对于像"使用数学来定义、解决问题",可能需要多重的表现性任务,因为它更复杂。

二是来自于证据的推断。在促进学习的课堂评价中,评价的目的可能是为了让学生明白自己需要努力改进之处。在这种情况下,即使做错了,教师能及时地发现并进行调整。因此,教师有机会不断改进任务以提供充分信息。

三是学生表现与特定等级分数线的接近程度。当学生的成就水平接近某个水平等级,或正处于两种水平之间时,这就可能需要求助于更多的表现性任务。当然,如果能很有把握地对学生所处水平做出判断,那么就不需要额外的信息。

四是学生表现的连贯性。采样的困难在于收集充分的证据来做出相对准确的判断。一位学生在某个水平上有连贯的表现,会促使你做出判断:他将来的表现将和现在的表现没什么差异。但是,一些古怪表现并不能产生这样的推断,有时候可能需要更多的证据,这样才有可能综合利用各种信息以便做出准确判断。当然,采样的充分性并不能归结为多少规则或确切数目的表现性任务,其关键之处在于教师个人的专业判断。

指标 3:表达清晰

● 表现性任务具体说明了学生表现能够发生的条件。如评价学生的口语表达时,任务是否规定了时间限制,或由谁来评价学生表现等。

● 需要多天完成的任务规定了哪些帮助是允许的。由于个别任务可能很难一天就能完成,学生回家后有机会获得家长或他人的帮助,因此,有必要明确规定哪些帮助是允许的。

● 提示是清晰而明确的。这需要思考:指导语是清晰的吗?以可理解的方式格式化了吗?一些必要的提示缺失了吗?对于上述疑问,教师可以把自己当作学生来阅读任务,或者可以让几位学生来阅读,并要求他们阅读后用自己的语言来复述,从而来了解学生是否真的知道自己需要做什么和怎么做。

● 在不给予多余信息的条件下,任务内容对学生了解他们所需要做的事情是充分的。在没有提醒学生的条件下,内容能说明完成任务的成功途径。这里的关键是,依据评价的目标,明确要求学生应用的知识,而不能提供多余的信息,以至学生一步一步地按照信息完成任务。否则,这种题目有可能失去了效度,因为这种每步提醒的做法,可能为学生提供了过多的提示。

指标 4:实施可行

● 任务涉及的范围足够简约,指定时间对于成功完成任务是充足的。一个常犯的错误是,完成一些复杂的表现性任务的时间往往被低估。可采取的补救方法是,缩小任务范围(或把它分解为 2 个或多个任务),或者适当延长完成时间。要尽力避免这样的情况:由于时间不足,那些本来具备高学业成就水平的学生没有机会表现出应有的水准。

● 学生有足够的资料来完成这项任务。许多表现性任务需要一定的支持性资源,如要求学生买一种特殊的电池来完成实验探究。如果这种电池比较昂贵,那可能意味着有不少家长不愿意或没经济条件购买,以至于学生没有机会完成实验探究,使得该项任务难以开展。

● 学生在安全的环境下完成任务。这主要是从学生的身心安全要求考虑的,任务不会让学生在焦虑、紧张甚至危险情况下完成。

● 任务的代价是值得付出的。开展表现性任务需要教师、学生消耗大量的时间和精力,但从结果来看,如果学生能获得优异的素养,那么实施任务所付出的代价是值得的。

指标 5:公平可信

● 如果学生能选择不同的任务,则完成每个任务所需要的表现都指向于同一个学习目标。并且,每个任务要求获得同样的表现或作品,任务的难度水平和条件都是一样的。例如,学习目标是口头表达——如要求学生展示全面、组织性的口头表达,并具备清晰的思维和流畅的过渡,教师向学生提供不同的表现性任务都应指向上述同一个学习目标。

● 向学生提供的所有资源对所有的学生是有效的。如果解决任务所需要的资源超出学校范围,教师必须确定所有的学生都有途径或机会获得足够的资源来完成任务。如果学生需要利用公共图书馆,而部分学生没有机会进入,这样的任务就是不公平的。又如,任务需要学生去买一种昂贵的设备,而有些学生的家长又不愿意掏钱,这样的任务同样也是无效的。

● 没出现与评价目标无关的技能。在阅读和写作中,常常出现这样的问题。很多课程的表现性任务需要学生具备一定读写能力,如某个数学任务需要语言精读技能才能完成。在这种情况下,那些缺乏这种能力的学生将处于不利的境地。

● 任务没有文化歧视,成功完成任务并不需要依赖某种特定文化或语言背景。如果表现性任务使用了一些独特的知识,那么那些缺乏知识背景的学生将处于不利境地。例如,那些缺乏英语语言背景的学生,对于用英语呈现的任务可能不会表现出应有的素养。另外对于那些使用种族歧视性语言的任务,部分学生就有可能不愿意去完成任务。

(二)表现性任务的评分规则

综上所述,我们可提炼出关于表现性任务的评分规则。该评分规则分五个维度,采取高、中、低三种水平,如表 4-2 所示。

表 4-2　表现性任务的评分规则

标准1:指向明确

高	中	低
● 评价指向与期望的评价目标相吻合,学生有机会展现出所期望的素养水平; ● 任务具体地表明了所有的相关期望; ● 它能促使学生充分表现	● 评价指向多于或少于期望的评价目标; ● 任务表明了所有的相关期望,但个别地方不够具体	● 评价指向与期望的评价目标不相吻合,学生没有机会展现出所期望具备的素养水平; ● 任务没有表明所有的相关期望

标准2:采样充分

高	中	低
● 任务数量或表现中的重复事例对于测量学习目标和判断各种学习水平是充分的	● 任务数量或表现中的重复事例对于测量学习目标和判断各种学习水平是多余或不足的	● 任务数量或表现中的重复事例对于测量学习目标和判断各种学习水平是远远不够的

标准3:表述清晰

高	中	低
● 任务说明清晰而明确,所有读者都能看懂或听懂任务的要求; ● 评价目标,如表现的种类和实现的目标,清楚地反映在评分规则中; ● 完成表现的条件,如时间限制,规定得很清楚	● 任务说明清晰而明确,所有读者都能看懂或听懂任务的要求; ● 评价目标,如表现的种类和实现的目标,清楚地反映在评分规则中,但评分规则本身有待改善; ● 完成表现的主要条件,如时间限制,规定得很清楚	● 任务说明非常模糊,多数读者都不能看懂或听懂任务的要求; ● 没有评分规则,或评价目标(如表现的种类和实现的目标)没有反映在评分规则中; ● 完成表现的条件,如时间限制,没有得到规定

标准4:实施可行

高	中	低
● 学生有足够的时间和资料来完成这项任务; ● 任务要求不会给学生或其他人带来太大影响,如学生当众表演会产生焦虑情绪; ● 必要资源都事先准备了; ● 从结果来看,实施任务所付出的代价是值得的	● 学生有足够的时间和资料来完成这项任务,但时间安排得不够紧凑; ● 任务要求不会给学生或其他人带来太大影响,如学生当众表演会产生焦虑情绪; ● 总的说来,实施任务所付出的代价是值得的	● 学生没有足够的时间和资料来完成这项任务; ● 完成任务会对学生或其他人造成一定影响,如学生当众表演会产生焦虑情绪; ● 考虑到学生所得,实施任务的代价不值得付出

标准5:公平可信		
高	中	低
● 任务是真实的,来自于学生熟悉的日常生活; ● 如果解决评价任务的方法有多种,但考查该种素养的标准是同样的; ● 学生在宽松、不影响其表现的环境下解决问题; ● 对特定的学生,如有学习障碍,会相应地调整任务的呈现方式或要求; ● 任务不会有利于某种特定文化或语言背景下的学生	● 任务还不够真实,如任务的背景并非来自于学生熟悉的环境; ● 虽然解决评价任务的方法多种,但稍加调整就可用它们来考查某种素养; ● 学生在相对宽松的环境下解决问题; ● 对特定的学生,如有学习障碍,一般会相应地调整任务的呈现方式或要求; ● 只要稍加调整,就可以消除由于某种特定文化或语言背景对任务的影响	● 任务脱离学生日常生活; ● 解决评价任务的方法多种,但考查该种能力的标准是不同的; ● 学生的表现受环境影响; ● 特定的学生,如有学习障碍,会得到不准确的评价; ● 任务有利于某种特定文化或语言背景下的学生

　　请收集来自职业教育专业领域的表现性任务,并从表现性任务的评分规则角度对它们的质量做出评论。

第3节　基于评分规则解释学生的学习表现

一、解释学习表现的定位

　　设计好表现性任务并引出学生表现后,就可以解释学习表现了。传统上,解释学习表现经常被等同于确定学生学习状况,但除此之外,更应该把它作为促进学生学习的一个重要环节。平实地说,解释学生表现是教师开展有效的学生学习反馈的前提。

(一)解释学习表现:是什么

　　第一,解释学习表现以促进学生学习为目的。课堂评价的目的在于帮助学生学习,作为形成性评价的构成,解释学习表现能确定学生的学习水平和学习需要,也能促使教师反思教学,实现以学生为中心的教与学的分析。

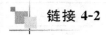 链接 4-2

应用评分规则评定学生等级的例子

评分规则当然可以用于评定学生等级表现,以四等级水平为例,可以利用下表形式来评定学生个体或群体的得分:

	4	3	2	1
维度一				
维度二				
……				

如果评分规则是累积性使用的(如作文评分规则),在评定群体学生的等级表现时,可以利用下表加以记录:

	维度一			维度二			……		
	日期一	日期二	……	日期一	日期二	……	日期一	日期二	……
学生1	2	3	4	3	3	4	3	3	3
学生2	3	3	4	4	4	4	3	3	4
……									

第二,解释学习表现指向收集到的各种学生学习信息。解释学习表现意味着收集信息确定学生处于何种学习水平、判断学生学得怎么样、分析学生为何有如此表现。解释学习表现自然需要收集学生各种表现,它们是对不同任务类型的反应,可以是书面作品,也可以是口头朗读,是学生外在可观察的行为表现。

第三,解释学习表现以学习目标为依据。教师解释学习表现时,需要明确学生是否掌握了相应的学习目标。一般说来,对于没有掌握该学习目标的学生,教师需要了解学生对该学习目标的前一个学习目标的掌握情况,以便为其提供相应反馈;对于掌握了该学习目标的学生,教师需要为其提供促进其向后续学习目标前进的建议。对于学生来说,同样需要依托学习目标诊断对该学习目标的掌握情况,学生自我分析时也需要分析自己对该学习目标的先前学习目标的掌握情况,以及明确后续学习目标。

第四,解释学习表现以教师和学生为主要解释者。作为指导者,教师责无旁贷肩负起解释学习表现的责任。在课堂评价语境下,学生需要肩负学习者的责任,需要主动地管理自身学习,解释自身学习表现。由于课堂是个学习共同体,学生也需要解释同伴的学习表现,以便提供学习建议。当然,家长或其他成员在特定情况下,也可能参与解释学习表现。

第五,解释学习表现是以质性方式进行的。解释学习表现需要一定工具或策略,在大规模测试中,它往往要借助统计模型。在课堂层面,它往往依托教师的直觉经验或质性分析策略。在很大程度上可以说,解释学习表现不是追求普遍、恒定的规律,而是探寻独特、变化的个体特质。无论如何,解释学习表现都需要以认知和学习理论为基础。

第六,解释学习表现是个判断过程。按字面理解,解释本身包含着诊断、分析、推理等内涵,那么学生的表现是怎么与知识、技能、情感和态度发生关联的?确实,我们能分析的大多是学习表现(如学生作品),而不能"撬开学生脑袋"看看其究竟是怎样思考的。要回答好这个问题,我们必须回顾相关测量理论。人类测量大致可分为两大方式。一是直接测量,如用米尺测量儿童身高,由于具有同样的空间广延性,从米尺可以直接获得儿童的具体身高,至于测量是否准确完全取决于米尺的精确度与操作的准确性。二是间接测量,如通过温度计来测量病人体温,显然水银柱的高度与人体体温性质不同,它们并无同一单位,所获得的体温数据是通过物理热胀冷缩规律的因果关系来获得的。间接测量是人类测量的主要方式,测量是否准确,其前提在于人类对因果关系的认识是否正确。把间接测量应用于课堂评价,意味着解释学习表现需要评价者对被评价表现做出判断。

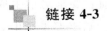

链接 4-3

建构与学生表现的因果、推断关系

关于测量原理,可用下图做一说明。在测量中,"建构"为我们指向的目标,它与学生的"表现"存在如下关系:因为学生有这样的建构,所以有这样的表现;根据这样的表现,可推测出学生具有这样的建构。

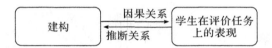

在该图中,建构是我们欲想测量的对象或属性,代表学习目标,学习表现是我们可以直接观察的行为或作品。如果建构本身是外显行为,那么由于外显行为本身就是测量目标,此时学习表现与建构存在非常直接的推断关系。如果建构本身不是外显行为,那么此时外显行为与建构存在相对间接的推断关系。

事实上,很多时候我们别无选择,只能依据学生表现来推测目标是否达成,或者干脆就用表现来表示我们想要的学习结果。从人类经验看,这种推断具有一定客观合理性,是人类可以把握的,否则我们将陷入不可知论。不可知论违背了人类事业是实践的事业、人类具有能动性的事实。许多人类伟大事业早已证明这一点,如人类成功登上月球,涉及诸多设备、程序、计算,它们都是人类知性范畴能触及的,这些事例都是活生生的事实,而不是什么好莱坞科幻大片。

资料来源:Wilson M. Constructing Measures:An Item Response Modeling Approach [M]. L. Erlbaum Associates,2005:13.

(二)解释学习表现:不是什么

第一,解释学习表现不是简单地判断对与错。学生表现是否正确,自然是分析工作的一部分,但更重要的是获取学生表现中的过程性信息,如呈现的思维特征或解题策略等。只有明白了过程性信息,结果性信息才能得到合理解释,学习问题才能得以明晰,后续建议与反馈才有针对性。

第二,解释学习表现不是一次性行为。解释学习表现是个探究过程,解释结果是否合理需要多方面的信息。当学生学习问题的原因不够明朗,通常还要参考、研究其他相关信息,如学生在其他任务上的表现,或者学生的平时表现。

第三,解释学习表现不仅是做常模参照解释。常模参照(norm-referenced)解释与标准参照(criterion-referenced)解释是解释学习表现的两种最基本方式。前者要求对学生成绩进行排名,要求学生与某个常模做比较,这往往会削弱学生的学习动机。后者要求学生对照标准反思自我表现,这种标准往往指向高阶的学习目标,它能激发学生的学习动机。在课堂评价背景下,解释学习表现经常需要开展标准参照解释。

二、基于评分规则解释学习表现的运行

基于评分规则解释学习表现可分为三个环节——明确解释内容、确定学习现状、诊断学习问题。

(一)明确解释内容

解释内容就是学生在表现性任务上的表现,它通常包括众多信息,但有时也可能包含一些无效或无直接关系的信息,如一份科学研究报告中可能出现学生个性化的呈现格式。这里的关键是,我们需要非常明确所要分析的内容。如果上述的呈现格式是学习目标,那么此

时学生个性化的呈现格式就成为考查内容。

(二)确定学习现状

确定解释内容后,就可以确定学习现状了,分析的依据在于学习目标。该环节可分为确定学习目标的成功标准、依据评分规则判断学生现状与学习目标的差距两个步骤。

依据评分规则,教师判断出学生的学习水平及存在的问题,从而确定学生的学习现状。如依据分项评分规则呈现的不同水平,当我们收集到学生表现信息后,就可以依据各个维度定位好学生的实际表现水平。例如,依据表 4-3[①] 的评分规则,可以简便地判断出学生学习表现,可以非常清楚地了解学生在"呈现"与"内容"方面学会了什么或还没学会什么、当前学习水平与最高水平的差距。

表 4-3 基于报告呈现评分规则判断学生当前学习水平

学习水平	呈现(包括表达、画面、听众意识)	内容(包括内容、清晰度、价值)
模范	不断地与听众保持眼神交流; 项目和音量是适切的; 画面(或讲义)表达了有意义的内容;班级学员至少以一种有意义的方式参与了互动、提问或讨论	内容富有意义; 信息清晰且完整; 全面地解释了主题的意义(包括为什么选择该主题)
胜任	不时地与听众保持眼神交流; 项目和音量在大多数情况下是适切的; 画面(或讲义)具有一定的意义; 虽然班级上有互动,但互动程度还不够	部分内容有意义; 部分信息清晰且完整; 解释了主题的意义(包括为什么选择该主题)
不够胜任	偶尔与听众保持眼神交流; 项目和音量是不适切的; 画面(或讲义)没有意义; 班级活动没有互动	极少部分内容有意义; 信息不清晰且不完整; 没有解释主题的意义(包括为什么选择该主题)

(三)诊断学习问题

确定出学习现状,也就明晰了学生是否达到了学习目标的要求。对于那些还没有达到学习目标要求的学生,还需要诊断出他们的学习问题所在。诊断学习问题包括分析学习问题与归因学习问题。前者侧重于找出问题,后者侧重于确定引起学习问题的原因,两者紧密

---

① Brookhart S M. How to Give Effect Feedback to Your Students[M]. Alexandria, Virginia USA: Association for Supervision and Curriculum Development, 2008: 42.

关联。由于学生表现往往是针对评价任务的思维终端产品,分析学生学习问题的需要考查学生产生作品或答案的思维过程。实际开展对学习问题的诊断时,可按明确学习问题类型、多方探寻学习问题的原因、通过更多信息验证分析结果三大步骤开展。

1.明确学习问题类型。例如,按认知心理学的分类,知识可分为陈述性与程序性知识。常见的陈述性知识学习问题通常表现为缺乏相应事实性知识或错误地理解概念,而常见的程序性知识学习问题有思维转化类学习问题、认知方法类学习问题、元认知类学习问题。[①]思维转化类学习问题主要由学生不会把形象思维转化为抽象思维引起,认知类学习问题主要由认知方法不当或不足引起,元认知类学习问题主要由学生不会主动思考与反思引起。

不同学习问题类型总是与具体的学习内容关联的,只有结合学生在具体学习内容上的表现才能加以确定。以教学内容"密度"为例,许多学生认为根据公式 $\rho = m/V$,密度与物体质量成正比,而与物体体积成反比,学生的这种观点是种典型的错误理解。这是因为该公式只是密度的测量公式,一种比值定义,实质上密度大小是由物体本身的属性决定的。一旦教师对学生学习问题类型做出专业判断,就能帮助教师进一步分析产生学习问题的具体原因。

2.多方探寻学习问题的原因。引起学习问题的原因非常多,可粗略把它们分为学生方面的原因、教师方面的原因两大类。学生方面的原因可能涉及学生的文化背景、生活经历、前提性知识、学习动机水平、兴趣爱好、学习风格、学习信仰等。教师方面的原因可能包括教师教学风格、教师专业水平等。一旦获取学生学习问题,尤其是那些具有代表性的共性问题,教师可据此反思自我,分析自身教学或另外因素,以确定它们对于学生学习表现的影响。具体操作时,教师可用表4-4分析学习问题的原因。

表 4-4　举例说明如何归因学生学习问题

学生学习问题:

学习问题类型:1.陈述性知识方面:□概念理解类;□事实性知识类;□其他。
　　　　　　　2.程序性知识方面:□思维转化类;□认知方法类;□元认知类。

学生方面的原因	有什么证据	教师方面的原因	有什么证据

---

① 付青.学习问题分析与信息化教学补偿策略建构[D].南京:南京师范大学,2006:2.

3.通过更多信息验证分析结果。引起学习问题的原因非常多,除前述所提的学生的文化背景、生活经历、前提性知识、学习动机水平、兴趣爱好、学习风格、学习信仰外,也包括自身之外的因素,如教室的物理环境、师生关系、同伴关系,以及教师教学的质量等。如果教师分析学生思维时,不综合考虑这些因素,就会使解释的学习证据缺少可靠性,不能有效地说明所评对象的真实行为表现。因此,对于那些委实难以确定的学习问题,可从更多信息来验证学生问题是否存在。

例如对于如下题目,"$3a=24$;$a+b=16$,请求出 a 和 b 的大小",该题涉及二元一次方程,正确答案应是 $a=b=8$,但很多学生认为 a 不可能等于 8。经过访谈,研究者发现,之所以学生认为 a 不可能等于 8,是因为他们在学习二元一次方程之前习得这样一种信念:以符号表征的不同未知数代表不同的数。可见,解释学生学习表现时需要多方验证,否则就可能误解了学生的学习表现。

练习 4-2

请收集有关应用评分规则解释学生表现的案例,并与同伴交流你的评论。

第 4 节　基于评分规则提供学生学习反馈

一、学习反馈的基本诉求

本质上,反馈是一种信息。如果仅仅为了给学生一个等级,那么直接依据评分规则判断学生所处水平并做出评分即可。如果要使这种信息发挥促进学生学习的功能,首先就需明确反馈指向的目标。其次,要达成这样的目标,需要明确向学生提供信息的类型。再者,确保这些信息是高质量的。

(一)指向哪些具体对象

学习反馈的根本目的是缩短学生当前学习水平与学习目标的差距。就此,我们可把它分解为三个具体要素,即学习目标、当前学习水平、下一步努力方向,三者之间的关系可用图 4-2

来表示。[①] 这三个反馈指向的对象并非孤立的,而是构成一个整体。例如,关于"当前学习水平"的反馈能帮助学生更好地理解任务,同样"下一步努力方向"的反馈能帮助学生更好地理解"学习目标"。

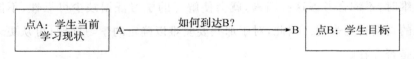

图 4-2　学习差距示意图

1.指向学习目标。学生完成的任务内含着学习目标,反馈内容就必须指出它与学习目标的关系。这些学习任务可能是比较简单的,如"背诵元素周期表"或"利用皮尺测量教室的长度",也有比较复杂的,如"设计一份项目的汇报方案"或"请写一篇个人学期反思总结"。

针对不同的学习目标,反馈内容自然也相应有所不同。如对前述"背诵元素周期表",教师可能给予这样的信息:你背错了砷与锑两个元素的次序。又如对"利用皮尺测量教室的长度",教师给予的信息可能为:请注意皮尺的最小刻度。这种关于学习目标的反馈有助于学生采取目标驱动的行动,在面临困难时能做出更多的努力。

2.指向当前学习水平。要回答好这个问题,教师或学生同伴、任务、学生本人等提供的反馈必须与任务或学习目标相关联,通常要说明学生的表现与期望的标准、学生之前表现的关系,或者任务某部分的完成情况。

当反馈包含的信息是关于学生完成任务过程的情况,或者关于怎样继续完成任务的建议,它们对于学生学习是有效的。学生通常想了解自己的学习情况,但学生未必总是喜欢简单的分数或等第这样的信息。一般说来,简单的分数或等第,如果不加以分析,并不能帮助教师、学生了解学生学习的现状。实际上,一旦我们完成了解释学习表现,也就了解了学生的当前学习水平,这已经在前述一节得到说明。

3.指向下一步努力方向。在前两种反馈目标之上,还需要提供关于怎样缩短学生当前学习水平与目标差距的建议。它可能包括提高任务的挑战性、提示学生对于学习过程进行自我管理、引发学生运用更多的策略完成任务、指出学生理解了哪些内容和没理解哪些内容。这样的反馈能极大提高学生学习的可能性。

然而,教师大多忽视了这种反馈,他们总是按习惯行事:向学生提供教学内容信息,布置大量的课堂任务,频繁地开展考试,寄予学生更多的期望。这导致了一个严重后果——学生不能获得外界的反馈,也不能进行自我反馈,他们无法知道下一步的努力方向。

---

① Arter J,Chappuis J. Creating & Recognizing Quality Rubrics[M]. Portland,Oregon:Educational Testing Service,2006:133-146.

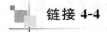

练习 4-3

下述罗列了一些教师的日常行为,你认为其中哪些行为属于反馈? 哪些不是反馈?

1. 讲授新内容;2. 提问;3 对学生提问的回应;4. 发现学生学习上的问题,并因此调整自己的教学;5. 实施课堂小测验;6. 批改作业;7. 批改试卷;8. 与家长交流;9. 准备成绩报告单;10. 在学生练习或作业时进行课堂巡视。

资料来源:王少非. 课堂评价[M]. 上海:华东师范大学出版社,2013:186-187.

(二)需要何种类型信息

明确出上述三个对象后,必须考虑如何为之提供合适的反馈内容。依据反馈内容的性质,可将反馈分为四种类型:关于学生的评论性反馈、关于完成任务的结果性反馈、关于完成任务的过程性反馈、关于学生自我调节的反馈。

1. 关于学生的评论性反馈(feedback about the self as a person,FS)。"你真棒""你很努力"等评语是常见的一种反馈。这种反馈大多为关于学生的积极评价,而与学生完成的任务基本无关。由于 FS 很少涉及任务相关的信息,它几乎不会促进学生更好地理解任务、提高自我效能感、付出更多的努力。只有在学生付出更多努力、提高与学习目标关联的效能感后,或者在尝试应用策略理解任务时,FS 对于学习才有所帮助。

链接 4-4

关于评论性反馈的研究结果

1. 关于 FS 的部分元分析表明,表扬对于学生成绩影响的效应值仅为 0.09,而没有表扬对于学生成绩影响的效应值高达 0.34。(资料来源:Kluger A N,DeNisi A. Feedback interventions:Towards the understanding of a double-edge sword[J]. Current Directions in Psychological Science,1998(7).)

2. 如果表扬指向与任务相关的努力、自我调节等,如"你太棒了,因为你很好地利用概念机智地完成这个任务",它对于提高学生自我效能感起到支持作用,并促使学生努力完成任务。如果表扬只是作为奖励,它对于学生成绩的影响不大。(资料来源:Hattie J,Timperley H. The Power of Feedback[J]. Review of Educational Research,2007(77).)

3.有研究表明,26％的成年学生成功完成任务时,喜欢被公开大声地表扬;64％的学生喜欢被私下悄悄地表扬,10％的学生倾向于不被表扬。在小学阶段的相关研究也给出相似的数据。(资料来源:Sharp P. Behaviour modification in the secondary school:A survey of students' attitudes to rewards and praise[J]. Behavioral Approaches with Children,1985(9).)

4.表扬并不总是产生正面意义。当一些藐视成绩的同伴在场时,学生会把教师的公开表扬理解为一种惩罚。(资料来源:Brophy J. Teacher praise:A functional analysis[J]. Review of Educational Research,1981:51.)

5.年龄大的学生在成功或失败后,趋向于把教师的表扬或中性反馈理解为教师看低了他们的能力;失败或成功后获得的批评或中性反馈,则被理解为教师认为他们的能力高但欠缺努力。年龄小的学生把成功后受到的表扬理解为高能力的信号,把失败后受到的批评理解为低能力的信号。(资料来源:Meyer W,Bachmann U,Hempelmann M,Ploger F,Spiller H. The informational value of evaluation behavior:Influences of praise and blame in perceptions of ability[J]. Journal of Educational Psychology,1979:71.)

6.反馈未必总有积极意义。教师应尽量避免过多使用那种与任务无关的表扬,使用表扬应视情况而定,如缺乏自信的学生遇到学习困难时给予表扬,也未尝不可。(资料来源:邵朝友.论有效的学习反馈:指向四个基本议题[J].当代教育科学,2012(2).)

2.关于学生完成任务的结果性反馈(feedback about the task,FT)。该类型反馈是最常见的反馈,主要是关于任务完成质量的信息,如"答案正确",它通常与判断成功完成任务的正确性、整齐性等指标有关。FT常常与FS混合运用,如"好孩子,你做对了",这弱化了FT的效果,但如果单独使用,FT可发挥更好的效果。许多元分析都指出,FT效应值都很高,有的高达1.13。[①] 获得成功完成任务的反馈,是有效形成学生认知加工、自我管理知能的基石。FT如果对学生的错误表现做出解释,而且学生具备理解这些反馈的知识基础,那么FT的效果更佳。如果学生不具备理解这些反馈的知识基础,后续教学效果会优于FT效果。FT的一个不足是,学生即使借助它完成了任务,但很难迁移至其他任务。部分原因可能在于FT只是"就事论事",没有引导学生进行"举一反三"式的思考。

---

① Lysakowski R S,Walberg H J. Instructional effects of cues,participation,and corrective feedback:a quantitative synthesis[J]. American Educational Research Journal,1982(19).

链接 4-5

关于完成任务的结果性反馈的研究结果

1. 相比 FS，FT 的效果更好，但太频繁使用会造成不良结果：学生将更多地关注于完成任务的具体结果，聚焦于更多的细节，降低了对任务过程与自我管理的注意，特别在一些高水平要求的任务上，学生很难养成应用大格局的策略去解决问题的习惯。发挥 FT 功能的关键在于：变化每次反馈的侧重点；准确记忆关于任务结论的反馈信息特征；富有策略地引发有效的自我反馈。这提醒我们，如果要尽量发挥 FT 的功能，FT 必须帮助学生消除错误的假设，提供指导线索促进学生更多地应用策略。（资料来源：Winne P H，Butler D L. Student cognition in learning from teaching. In Husen T，Postlewaite T（Eds.），International encyclopedia of education（2nded.）[C]. Oxford，UK：Pergamon，1994：5738-5745.）

2. FT 的效果还与其繁杂程度、学生个体或小组表现、书写的符号等有关。简洁的 FT 能比繁杂的 FT 产生更好的学习效果。当 FT 以小组群发时，学生个体或其他小组成员对反馈信息会感到迷惑。例如，某个学生可能认为反馈与他有关，或者认为反馈是与小组整体有关，也可能与另外某一个小组成员有关。对于后两种情况，该学生可能把反馈理解为与自己无关，这就弱化了反馈的效果。在这种情况下，FT 的效果依赖于学生的个人自觉与努力，以及关于反馈与自己关系的判断。此外，作为 FT 的主要表达方式，分数与评语（性质为具体的 FT）对学生学习也会产生不同效果，如布莱克和威廉的研究表明，评语的效果好于等级分数的效果。（资料来源：Black P，William D. Assessment and classroom learning[J]. Assessment in Education，1998(5).）

3. 关于作业反馈的实验研究进一步指出，给学生三种不同方式的作业反馈信息：只给分数、只给评语和分数加评语，其中只给评语的反馈给学生的学习收益最大。（资料来源：Butler R. Enhancing and undermining intrinsic motivation：the effects of task-involving and ego-involving evaluation on interest and performance[J]. British Journal of Educational Psychology，1988(58).

3. 关于学生完成任务的过程性反馈（feedback about the processing of the task，FP）。FP 侧重于提供完成任务过程与拓展任务的信息。它关注各种因素的关联、学生对任务的理解、学生对各种因素的理解，注重深度学习、学习加工过程。学生自我检查策略是 FP 的一种重要反馈内容,它为学生提供了自我反馈信息。这些信息显示出学生的错误,要求学生运用新的策略,促使学生寻求帮助。学生能否实施纠错策略,依赖于他们是否愿意继续瞄准目标,或缩短当前学习水平与目标的差距。有学者认为,当学生面临学习障碍,获得 FP 后,他们将追寻目标,重新评估处境——如果他们投入更多的努力或改变他们的计划,估计完成目标的可能性有多大。[①]

当 FP 支持学生推翻错误假设、提供寻找策略的指导时,FP 对学生能起到提示的作用,促使学生寻找完成任务的策略,此时它显示出巨大的实用价值。相比 FT,FP 更能促进学生的深度学习。研究表明,结合学习目标设置,FP 是形成学生解决任务策略的更直接、有效的方式,而使用 FT 相对低效。[②] 需要指出的是,FP 与 FT 之间存在交互作用,后者能提升学生完善任务的自信和自我效能感,而这可进一步促进学生寻找更有效的信息与策略。

4. 关于学生自我调节的反馈(feedback about self-regulation,FR)。FR 指向于学生的努力、调整、自信,以及它们之间的互动。它致力于学生对学习目标的监视、指导、管理行动,意味着自主、自我控制、自我驱动与自律。这种自我管理包括自我产生思想、情感,以及制定计划、周期性地依据个人目标进行调整的行动,并寻求、接受、适应反馈信息。

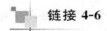 链接 4-6

关于自我调节的反馈产生的影响

第一,形成内在反馈。高效学习者着手解决任务时,他们能形成内在反馈与认知习惯。对于所有的自我管理活动,反馈是内在的催化剂。内在反馈产生于监视任务完成的过程,这种反馈描述了任务结果的本质,以及产生结果的认知加工的质量。

第二,促进自我评价。自我评价是一种自我管理能力,它通过选择、理解信息途径提供反馈。自我鉴定和自我管理构成了自我评价的两大方面。通过进行一系列自我监视,前者乃便于学生回顾并评价他们自身的素养、学习状态、认知策略。通过计划、纠错、链接策略,后者则监视、调节学生的当前行为。

第三,寻找、处理反馈信息的意愿。学生把这种意愿付之于行动,取决于自我调整付出的成本计算。如果能缩短当前学习水平与期望表现的差距,那么这种好处能弥补付出的成本。

①　Cardelle M,Corno L. Effects on second language learning of variations in written feedback on homework assignments[J]. TESOL Quarterly,1981(15).

②　Earley P C. Computer-generated performance feedback in the magazine subscription industry[J]. Organizational Behavior and Human Decision Processes,1988(41).

如果性价比太低,学生通常会拒绝去寻找反馈。关于寻找反馈的决策并不仅仅受限于这种性价比,学生倾向于获得关于自身表现的反馈,有时即使反馈对于他们的表现没有作用。

第四,对反应正确性的自信程度。学生对于自身反应正确性的自信程度影响他们接受、寻找反馈信息。这主要包括三种情况。一是如果自信程度高,而反应被证明是正确的,那么学生不会关注反馈。二是如果学生期望自己的反应是正确的,而结果被证明是错误的,那么反馈将产生巨大作用。三是如果自信程度低,而反应被证明是错误的,反馈几乎不会被关注。

第五,对成功与失败的归因。相比实际的成功与失败带来的影响,学生对它们的归因的影响更大。没有得到关于失败原因的反馈,学生自我效能感将受到伤害。同样,那种没有具体说明学生成功或失败依据的不清晰反馈,也会恶化负面结果,产生不确定的自我意象,导致劣质表现。另一方面,如果内容为成功的反馈是名不副实的,它将增加结果的不确定性与自设学习障碍。

第六,寻求帮助的能力水平。寻求帮助是一项学习能力,许多求助行为可视为自我调节的能力。区分工具性求助(instrumental help seeking,寻求提示而不是答案)与执行性求助(executive help seeking,寻求答案或无需花费时间和精力的直接帮助)的关键是——前者产生 FR,后者与 FT、FP 联系更加密切。[1] 要发展工具性求助行为,必须考虑它与情感因素有关。许多学生不寻求帮助,乃因为他们感到这将威胁到自尊或导致社会性难堪。

资料来源:邵朝友.论有效的学习反馈:指向四个基本议题[J].当代教育科学,2012(2).

(三)有效反馈有何特征

根据你自己多年的学习经验或教学经验,或许你马上想到,反馈一定要及时。不错,有效的反馈必须是及时的,那种历经多天的反馈一般不能给予学生有效指导,因为学生大多已经忘记所学内容了。但仅仅"及时"还不够,有效的反馈还应具有更多的特征。这些必要特征包括:一般要适当地向学生提供及时的反馈;指向学生作品,关注学习目标本身;是标准参照性质的;描述性性质;产生积极的效果;学生清楚反馈的内容;提供具体的反馈;使用支持性的语言。[2]

---

[1]　Nelson-Le Gall S. Help-seeking behavior in learning[J]. American Educational Research Association,1985(12).

[2]　Brookhart S M. How to Give Effect Feedback to Your Students[M]. Alexandria,Virginia USA：Association for Supervision and Curriculum Development,2008:81.

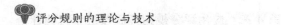

关于上述内容,我们用图 4-3 来做一总结。图 4-3 表明了基于评分规则的学习反馈应具有的内在诉求。

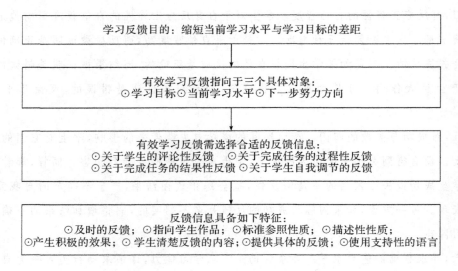

图 4-3　有效学习反馈的内在诉求

二、基于评分规则提供学习反馈举例

遵循上述学习反馈的内在诉求,教师可用口头或书面的语言向学生提供反馈信息。表 4-5[①] 是基于评分规则解释学生学习表现后对学生提供的一份高质量的学习反馈样例。

表 4-5　基于报告呈现评分规则判断学生当前学习水平

姓名_____ 班级_____ 日期_____		
每部分的要求	得分	教师评论
介绍部分(15 分) 主题的背景信息清晰、准确、丰富; 以合适方式清楚地表达实验目的或假设	15	
方法(15 分) 清晰、准确、完整地描述出实验材料; 清晰、准确、完整地描述出实验过程; 清晰、准确、完整地绘制出图表(如果有必要的话)	15	

① Brookhart S M. How to Give Effect Feedback to Your Students[M]. Alexandria, Virginia USA: Association for Supervision and Curriculum Development,2008:44.

续表

每部分的要求	得分	教师评论
结果（15 分） 以图表形式清晰、准确、完整地呈现数据； 制图过程（如需要的话）清晰、整齐/可读、完整； 图表的标签或制图过程呈现出合适单位； 图表或制图过程含有合适的标题； 报告描述了实验发生过程； 报告描述了如何分析数据、如何制图及各种图表的最终结果	10	你以时间为 X 轴的线性图来描述湿度随时间变化；你的总结性统计数据很好，但观点随实验进程发生改变
结论（15 分） 根据假设或实验目的讨论了实验结果； 根据一定逻辑获得结论； 书面表达清晰； 讨论了重要的发现（与该主题相关的更广泛的规律）； 描述了研究发现的局限与误差来源； 提出后续实验设想（如合适的话）	15	看起来你真的理解了你所做的！
总分	55	

练习 4-4

阅读上述案例后，请思考该教师评论中包含了哪些类型的反馈？

需要注意的是，由于评分规则中规定的低水平的表现会包含一些比较消极的描述语，如"毫无线索""几乎没有看出你有什么表现"，因此基于评分规则进行学习反馈时，要尽量减少这类语言以防伤害学生的学习积极性。因此，教师应尽量使用第一人称委婉地表达自己的评价，如"我不大明白你的答案"或者"我希望知道你为什么要使用答案中的这些数字"。

练习 4-5

请阅读下述案例，并做出评论。

提出问题是科学探究的重要一环。为了评价学生提出问题的素养，某中职学校教师从评分规则的视角设计如下评价方案。

1. 分发评分规则：在新学期开展科学探究前，教师分发如下提出问题的评分规则，向学生说明该评分规则是评价他们提出问题素养的依据。

	要素	5	4	3	2	1	得分
提出问题	发现现象	及时准确地发现现象		当其他同学发现后,才认识到现象;或在作业中较迟才提到发现现象		几乎看不出发现现象的表现	
	表达疑问之处	在作业与交流中清楚地说出自己的疑问		呈现疑问时思路还有点模糊		你的表现表明你还没有形成疑问	
	用物理语言表达疑问	能具体地用物理语言/知识表达疑问		能模糊地用物理语言/知识表达出疑问		不能用物理语言/知识表达出疑问	
	表述出疑问的证据	清晰地描述出所提疑问的证据		模糊地描述出所提疑问的证据		没让人看到所提疑问的证据	

2.布置作业:计划布置 3 次课后书面任务,要求学生按照发现现象、表达疑问之处、用物理语言表达疑问、表述出疑问的证据四个要素进行自我评价。

3.评价学生对提出问题的素养:结合每个学生自评成绩,折算出平均值并以此代表各个学生的最后成绩。

第 5 节　案例:利用实验报告 PTA 量表改进学习

一、实施背景

本案例①是第 3 章第 3 节案例的后续行动。故事主角安迪生研制实验报告 PTA 量表后,开始利用该量表开展等级评分。实验报告 PTA 量表包括 10 个要素,"标题"是其中一个要素,其评价标准如下:

5＝风格和结构适合科学杂志、包括必需的描述符号、商标名称并允许读者去预先设计;

4＝风格和结构适合科学杂志,有大多数描述符号,有实验功能和建议设计,但缺乏商标名称;

---

① 沃尔弗特点,安迪生.等级评分——学习和评价的有效工具[M].国家基础教育课程改革"促进教师发展与学生成长的评价研究"项目组,译.北京:中国轻工业出版社,2004:123-125.

　　3＝有功能和商标名称,但不允许读者预先设计;

　　2＝有识别功能或商标名称,但两者不全有,缺乏设计信息或存在误导;

　　1＝模仿其他课程,或者缺失标题。

　　当时安迪生所做的是让学生在课程学习的前期到图书馆查找这两个学期所用到的有关生物学关键词索引的资料。在这过程中,学生看到了检索到的科学标题,并讨论在科学中所使用的关键词索引怎样使其他研究者在文献中找到相关资料。此外,在过去的案例中,学生已经阅读过 5 篇给予适当标题的科学论文。安迪生从这些文章中删去摘要部分,让学生写出文章的摘要。但不少学生并未认识到标题中关键词的重要性,也写不出好摘要,甚至出现像"肥皂水之战"之类的标题。

二、实施过程

　　针对学生在实验报告的标题上的表现,安迪生依据 PTA 量表分析出学生所存在的具体问题:

　　● 学生没有将读到的标题模式应用于自己的标题中;

　　● 学生没有将图书馆了解到的有关关键词索引的知识应用于自己的标题中;

　　● 安迪生在作业表上写的"写给你的同伴"的提示好像被误解了:许多学生不像是写给受到正规训练的科学家,而好像是写给一起吃喝的朋友;

　　● 学生写出一些缺乏研究内涵的标题,如"肥皂水之战",在学生所办的报纸中或课题中出现,可能是一个幽默又恰当的标题;像"西拉斯·马纳(Silas Marner)读书报告"一样的"关于何种纸币更好的研究"这个标题对于中学阶段学生来说就是很恰当的。

　　分析出学生问题后,安迪生思考如何改进这种状况。她不想对标题花费大量的时间,尽管通过科学索引系统所确立的标题对科学研究很重要,但是标题不是学生作品的最主要内容。安迪生认为,改进问题的关键在于帮助学生确定合适的读者,利用图书馆学到的知识和看到的科学标题,并在检查学生自己的标题时应用 PTA 量表。

　　下面就是她所做的工作:在图书馆看完科学论文的摘要之后,安迪生让学生注意他们写出摘要的文章中的一篇,取名为"灰鼠蛇和黑鼠蛇的爬行方向的比较研究"。她问学生,如果文章的题目改为"蛇能爬高吗?",他们如何感受到作者的原意。在哄堂大笑之后,她问学生,在英语写作课上他们对读者知道些什么,以及英语作文与科学论文的写作有怎样的联系。学生们讨论同伴的意见,安迪生强调她将学生看作是正在受到训练的科学家,而不是简单的群居动物。他们将"high"和"snake"作为标题的关键词,并讨论怎样通过《生物学文献摘要》或《科学引文索引》中的关键词索引,使这些"有趣的标题词"传达更多的信息。

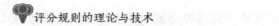

三、实施效果

安迪生在经过课堂 10 分钟练习后,根据两个局外人的评分,有 90% 的学生在 PTA 量表标题要素上得到 3.0 分或更好的分数。而前一年,仅有 50% 的学生得到 3.0 以上的分数。当然,每一年的学生是不同的,但是在随后的几年中安迪生的学生继续写出了达到她期望水平的标题。

练习 4-6

阅读上述案例后,请思考为什么安迪生问学生:在英语写作课上他们对读者知道些什么,以及英语作文与科学论文的写作有怎样的联系。

练习 4-7

阅读本章内容后,请问本章回答了哪些基本问题?请你罗列出这些问题,并做出自己的回答。

进一步阅读的资料

1. 付青. 学习问题分析与信息化教学补偿策略建构[D]. 南京:南京师范大学,2006.

2. 李坤崇. 多元化教学评量[M]. 台北:台北心理出版社,1999.

3. 刘辉. 促进学习的课堂评价结果处理研究[D]. 上海:华东师范大学,2010.

4. Wiliam D. Embedded formative assessment[M]. Bloomington:Solution Tree Press,2011.

5. Hattie J,Timperley H. The Power of Feedback[J]. Review of Educational Research,2007(77).

第5章　应用评分规则促进学生自评与互评

 导读

怎么发挥学生学习的主动性？你或许一直探索这个问题，寻求答案。学生自我评价、同伴互评是学生承担起学习责任的重要体现，也是培育学生学习主动性的重要措施。在关注怎么教转向关注怎么学的教育大背景下，自我评价与同伴互评越发凸显其重要性。

如果说，自我评价体现了学生自我诊断学习问题、做出自我反馈的个人学习历程，那么同伴互评则是一种合作学习形式，体现了学生之间民主协商、主体参与的社会性建构学习色彩。从反馈的角度看，同伴互评就是学生相互反馈学习信息的过程。

那么，你可能会问，学生自我评价、同伴互评需要什么条件？作为教师，怎么帮助学生开展自我评价、同伴互评？本章将尽力帮你回答这些问题，以便你能在评价实践中设计、实施促进学生自我评价与同伴互评的方案。

【本章学习目标】

⊙ 了解学生在课堂评价中的应然角色；

⊙ 理解评分规则何以能促进学生自我评价；

⊙ 熟悉应用评分规则促进学生自我评价的策略，并为具体情境设计促进自我评价的方案；

⊙ 理解评分规则何以能促进学生同伴互评；

⊙ 熟悉应用评分规则促进学生同伴互评的策略，并为具体情境设计促进同伴互评的方案。

【本章内容导引】

◉学生在课堂评价中的应然角色

一、作为评价过程的深度参与者

二、作为评价效果的直接影响者

三、作为评价信息的积极利用者

◉基于评分规则促进学生自我评价

一、自我评价与学习表现的关系

二、自我评价的核心条件

三、评分规则在自我评价中的作用

四、指导学生应用评分规则开展自我评价

五、应用评分规则促进自我评价的案例

(一)背景介绍

(二)设计理念

(三)实施要求

(四)前期行动

(五)后续计划

◉基于评分规则促进学生同伴互评

一、同伴互评的技能组成

(一)制订学习契约

(二)熟悉评价标准

(三)判断同伴表现

(四)提供后续学习建议

二、评分规则在同伴互评中的作用

三、指导学生应用评分规则开展同伴互评

四、应用评分规则促进同伴互评的案例

(一)开发背景

(二)实施过程

(三)实施效果

第 1 节　学生在课堂评价中的应然角色

一、作为评价过程的深度参与者

课堂评价随处可见于课堂,无论是教师实施的课堂测验,还是学生自觉反思自己的作业,学生都是评价参与者。无非前者更多由教师主导,后者更多由学生主导。在评价过程中,学生参与评价的程度是不同的。著名评价专家斯克里文(M. Scriven)区分了学生在课堂评价中不同的参与程度①:(1)参加测验,得分;(2)在教师要求下提出改进测验的建议;(3)建议改进测验的方法;(4)实际制定评价方案;(5)帮助教师修订评分规则;(6)创建自己的评分规则;(7)应用评分规则来评价自己的表现;(8)理解评价如何影响自己的学业成就,理解自我评价、教师评价与自己的学业成就之间的关系。

在这些评价活动中,学生参与评价的程度各不相同,从"参加测验"这种被动、浅层的参与到"理解自我评价、教师评价与自己的学业成就之间的关系"的深度介入,参与评价的程度不断提升。

深度参与评价是学生主动参与学习的重要表现,它能帮助学生更好地知道学习目标、自己的学习现状、下一步努力的方向,也能帮助学生更好地肩负起自身学习的责任与同伴学习的责任,促进学校从以考代教的考试文化走向为学而评的评价文化。

二、作为评价效果的直接影响者

学生是影响自身学业成就的关键因素,不同的评价效果对于不同学生产生不同的影响。在这种差异中,既有先天因素作用的结果,也有后天因素作用的结果。在这些先天因素和后天因素的差异中,学生对评价的认知和信念上的差异甚为关键,它们会直接影响学生对评价的看法,导致从评价中产生的感受、评价之后产生的行动等诸多方面的差异。可以说,这些差异正是导致评价对不同学生产生不同效果的关键因素。

与其他由于先天因素影响的个别差异不同,学生对评价的认知、信念上的差异完全是后天因素影响的结果。斯蒂金斯(R. Stiggins)描述了一个如何以学生的评价信念为中介影响评价成效的过程。首先,以往的评价经历会影响学生对评价的认知和信念,不同经历的学生

①　斯蒂金斯.促进学习的学生参与式课堂评价[M].国家基础教育课程改革"促进教师发展与学生成长的评价研究"项目组,译.北京:中国轻工业出版社,2005:40.

对评价提供的信息有不同的选择,有些学生倾向于看到优点或积极的方面,有些学生则倾向于看到缺点或不足之处。其次,对评价的不同看法会影响到学生在评价中产生的感受,有些学生会很乐观,感到有希望,而有些学生则可能感到悲观和无助。再者,这种不同的感受会进一步影响学生对评价、对学习的认识、态度、信心和期望。有些学生认为评价是好事,喜欢评价,对自己在评价中获得成功有信心,进而会对自己的学习产生更高的期望。有些学生则相反,对评价和学习感到恐惧,逐渐丧失信心,对成功不抱期望,产生学习无助感。然后,对评价和学习的不同态度、信心和期望会导致不同的行动,有些学生会积极投入,坚持不懈,而有些学生则可能退缩、放弃学习。最后,不同的行动导致不同的结果。[①]

不过,斯蒂金斯对这一过程的分析主要考虑的是评价经历的情绪动力维度。学生的情绪动力维度确实是影响评价作用发挥的重要因素,但不是唯一因素。实际上,评价对学生的学习发生作用,更主要是以学生的认知为中介的。可以肯定,有些学生有更强的动机,但不能有效运用学习策略,其学习效果未必比另一些学习动机不那么强却能有效运用学习策略的学生好。如果两个学生有同等的学习动机,其中一个学生相对另一个学生对学习目标有更加清晰、准确的认识,他更可能发现自己当前表现与目标状态之间的差距,进而采取有效改进的行动;相反,如果一个学生缺乏对目标的清晰认识,也缺乏对自己当前学习状况的认知,那么他可能在教师提供具体反馈时,依然不能觉察自己当前状况与目标状况之间的差距。在这种情况下,反馈信息对于学生学习的改善作用非常有限。

因此,针对学生作为评价效果的直接影响者,我们需要考虑的是如何发挥学生的认知与信念对于促进学习的作用。同样,学生自身需要做出努力,充分利用自身因素对于评价效果的正面影响,以获得良好的学业成就。

三、作为评价信息的积极利用者

评价信息,尤其是那些为学生提供详细信息的反馈,可能会影响到学生学习,学生应尽量利用这些信息改进学习。

在众多评价信息中,我们首先可能想到的是来自教师的反馈信息。确实,教师的反馈如果能为学生指出他的当前学习水平、学习目标、下一步努力方向,学生就能从这些反馈中更好地把握自己的学习状况,获得后续努力方向的指示。阅读这样的评价信息的过程显然也是学生学习的过程。

除了教师反馈,来自学生本人的自我反馈和来自同学的同伴反馈也是重要的评价信息。如果运用得当,自我反馈与同伴反馈同样能帮助学生了解自身当前学习水平、学习目标,进

---

① 王少非.课堂评价[M].上海:华东师范大学出版社,2013:257.

而明确缩短当前学习水平与学习目标差距的措施。可以说,学生开展自我反馈与同伴反馈,分析自己与同伴学习信息的过程就是一个深度参与评价、发挥学生作为评价效果的积极影响者的学习过程。就此,学生应该做的是,积极地从评价信息中获得有利于自身学习的信息。

要实现上述学生在课堂评价中的三种角色,发挥它们对于学习的促进作用并不容易。而评分规则在这方面具有独特的作用。

 **练习 5-1**

在求学阶段,你是否参与过自我评价或同伴互评? 如果有,请描述你是以什么方式参与的,有什么感想? 如果没有,请说出你能够参与评价的三种方式,以及你所需要的支持条件。

第 2 节　应用评分规则促进学生自我评价

一、自我评价与学习表现的关系

学生自我评价被认为是一种授予学生评价权利的重要方式。其默认假设乃是,学生是学习的第一负责人,自我评价是学生应有的权利。当学生学会反思自己的个人成就时,他们就学会了在自己能力范围内进行学习,自觉发挥学习的主动性。因此,学生对自己学习的评价与反思,应当成为他们常规学习的重要部分。

但学生自我评价并非易事。研究表明,学生自我评价并不会无条件地发生,如高成就水平的学生往往自评过低,而低成就水平的学生往往自评过高。[①] 那么,如何促进学生开展自我评价? 要回答这个问题,有必要先回顾学生自我评价与学习表现的关系。虽然自我评价被认为是促进学生学习的重要方式,许多教师也把它作为评价计划的一个常规部分。但在理论层面,关于自评为何能促进学习并没有得到多少关注。自我评价之所以能促进学习,这与学习动机、学习目标、自我效能感等有关,如图 5-1 所示。[②]

---

① Segers M ,Dochy F,Cascllar E. Optimising New Modes of Assessment:In Search of Qualities and Standards[M]. Dordrecht /Boston/London:Kluwer Academic Publishers,2003:61.

② 整理自:申克.学习的理论:教育的视角[M]. 韦小满等,译. 南京:江苏教育出版社,2003:293-387.

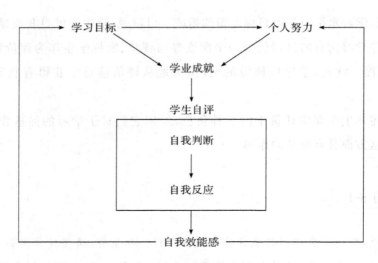

图 5-1 学生自我评价与学习表现的关系

图 5-1 表明学习目标、个人努力、自我评价、自我效能感共同作用于学习表现,其中自我判断是学生通过将当前表现与目标进行比较来对当前表现做出判断,这是发生自我反馈的重要环节。自我反应则是通过证明成绩是否突出、是否令人满意等对这些判断做出自我反应,它与自我效能感紧密相关。

具体地说,自我评价是对自己某种表现的评价,在持续的自我反馈中追踪自我进步后,学生能产生积极的自我效能感。自我效能感的提高将促进学生制定新的学习目标,也促使学生做出更多的个人努力。新的学习目标和新的个人努力自然进一步提高了个人的学业成就。在对自己作品的评定过程中,学生开始承担越来越多的责任,随着评价过程中学生自主性的增加,他们将获得一种对自己的学习和成长负责的感觉。[①] 如此一来,学习目标、个人努力、学业成就、学生自评、学生自我效能感之间形成了良性的循环,从而不断地推动学生学习。

二、自我评价的核心条件

从图 5-1 可以看出,学生自评包括自我判断、自我反应两个环节。要完成这两个环节,需要学生具备一定的能力。学生自我判断需要学生进行自我观察,需要学生具备明确的观察指向,而要使得判断正确,需要学生内化某种判断标准;要使自我反应合理,学生需拥有采取改进行动的能力。但正如前面所提,学生未必具备这样的能力。由此我们不得不思考一

---

① 哈特.真实性评价——教师指导手册[M].国家基础教育课程改革"促进教师发展与学生成长的评价研究"项目组,译.北京:中国轻工业出版社,2004:94.

个无法回避的话题——学生自我评价需要何种条件。

对于学生来说,进行自我评价需要回答四个问题:(1)我知道学习目标是什么吗?(2)我可以从哪里得到反馈信息?(3)发现问题后我需要不断改进吗?(4)遇到困难我能坚持到底吗?

对于教师而言,在学生自评过程中则需要提供必要的支持:(1)为学生提供评价标准,如评分规则。它将向学生提供学习目标,并为学生提供判断自己学习水平的不同描述。这就是前文多次强调的参照标准。(2)为学生提供自评技能的指导。如果学生事先不熟悉自评,缺乏自评技能,教师就有必要出面进行相关的指导。(3)学生自评过程中为学生提供自我评价质量的反馈信息。学生自我评价要到位,不是一次就能解决的。在整个过程中,教师需要跟踪学生的自我评价,及时发现他们自我评价的质量,并向学生提供改进建议。(4)培养学生的自信心,减少自我评价可能产生的负面情感。在自评过程中,正向的成绩变化会为学生带来信心和自豪,但低劣的成绩也会让学生产生焦虑。减低学生的焦虑感,加强学生的责任心和归属感,培育学生自我评价习惯。(5)督促学生采取改进行动。如果学生发现问题而不采取改进行动,问题将依然存在。在提供反馈和技能指导后,学生自身的改进行为必须同步进行,否则再好的反馈和指导都于事无补。总结学生自我评价的条件如表 5-1 所示。

表 5-1　学生自我评价的条件

两个关键维度	说　明
学生	● 学生事先需要知道学习目标和评价标准; ● 学生有一定的自评技能,能从教师、同伴、家长或评价标准中获得反馈; ● 学生明确自己学习水平和学习目标的差距后将采取改进行动; ● 学生愿意坚持进行自评,哪怕是遇到困难
教师	● 为学生提供具有标准参照性质的评价标准; ● 为学生提供自评技能的指导; ● 在学生自评过程中为学生提供自评质量的评价信息; ● 培养学生的自信心,减少自评可能产生的负面情感; ● 督促学生采取改进行动

在更广的范围看,影响学生自评的因素还包括文化与性别的差异、时间与经费等社会因素。[①] 但在根本上,影响学生自我评价在于上述的两个关键人即学生和教师的行动。

---

① 哈特.真实性评价——教师指导手册[M].国家基础教育课程改革国"促进教师发展与学生成长的评价研究"项目组,译.北京:中国轻工业出版社,2004:58-59,66-67.

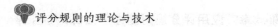
三、评分规则在学生自我评价中的作用

从学生的角度看,对照上述分析,一种可视化的标准对于学生自我评价所需的四个条件来说是至关重要的。这种可视化标准如果包含学习目标的说明,就能为学生提供自我观察的维度。如果标准还描述了学生达到学习目标的不同典型表现,学生就能以此作为评价标准做出自我判断。借助学习目标和自我学习水平现状的对照,学生就可能发现自己需要改进的方向,进而制订出自我改进计划。

显然,评分规则由于自身具备的标准参照的特点,完全能满足这种可视化标准的要求。应用合理的话,评分规则在学生自我评价中可发挥如下作用(见图 5-2):

第一,为学生自我评价提供明确的学习目标。由于评分规则详细地描述了达成某个学习目标的不同学习水平,学生可以依此明晰自己的学习目标。

第二,为学生自我评价提供及时而持续的反馈。当学生拥有评分规则时,他们就有可能对照评分规则,比较自己和同伴的学习水平,从而获得及时的反馈,而且考虑到学习时间的跨度,长期使用评分规则能为学生自我评价与同伴互评提供持续的反馈。

第三,为学生自我评价与同伴互评的其他条件提供了技术保证。教师在教学中科学、合理地应用评分规则,自然会带动学生自觉地进行反思与合作等行为,这就是所谓的用行为来促进行为。而这些反思、合作等习惯恰恰是深度自我评价与同伴互评所需的。

第四,从更广泛的层面来看,评分规则有助于学生学业成就利益相关者关注评价过程,更好地了解学生的学习,有助于他们通过了解这些评价结果来促进学生的学习。

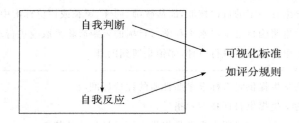

图 5-2　评分规则在学生自我评价中的作用

四、指导学生应用评分规则开展自我评价

学生拥有了评分规则,未必意味着就能顺利进行自我评价了。教师的责任除了提供评分规则和情感调理外,还需做相关技能指导。技能指导的关键是让学生明白三个问题:学习

目标是什么;学生当前的学习状况;如何缩小上述两者之间的差距。[①] 要解决好这三个问题,教学中我们可采取下述七种策略。

第一种策略:提供清晰、易理解的学习目标。该策略其实就是要学生回答:高质量的表现或产品是由哪些因素组成的。教师可以和学生一起制定某个教学内容的评分规则,在制定的过程中让学生明白评分规则中最高水平的表现就是要达成的学习目标。具体应用时,我们可参考演讲的评分规则的制定:

● 通过评分规则向学生提供学习目标:以演讲评分规则制作为例询问学生良好的演讲包括哪些因素,并在表格上记录下学生的反应;

● 展示一个演讲的案例,要求学生对上述表格内容加以补充,教师记录下这些反应;

● 告诉学生他们所列的要素有很高的水准,他们所做的和教师、相关专家用来判断演讲的评分规则所列的要素非常接近;

● 向学生展示教师准备好的演讲的评分规则要素;

● 分发演讲的评分规则,该评分规则所用的语言是学生可以理解的;

● 告诉学生,该评分规则所列要素和最高表现水平就是演讲的学习目标。

第二种策略:应用好、坏作品或表现的例子。高品质的作品或产品是怎样的,哪些问题需要避免,这两个问题是策略二解决的对象。虽然在策略一中,我们向学生介绍了评分规则,但学生需要通过应用评分规则来理解相关描述符的含义,并能依此区分不同水平作品的质量。如果表现或产品是复杂的,教师可先聚焦于一个要素,可参考以下做法进行:

● 聚焦于一个要素。让学生阅读评分规则中相应的该要素,从量表中最高级开始,然后阅读最低级的,最后阅读介于当中水平的描述。

● 展示匿名高质量的表现或产品的例子。事前不要告诉学生它是高质量的。如对于演讲,可播放相关录像。

● 以该要素为判断依据,要求学生独立地把表现或产品分为高质量与低质量两部分。让学生对照量表中的高水平、低水平的描述,阅读分类后的表现或产品。如果学生觉得评分规则中的高水平与低水平描述并没有描述出分类后的高质量与低质量的表现或产品,他们要仔细阅读评分规则,直到找到相应的描述。这是个往复的工作。

● 以小组形式,学生共享他们的判断与思考。教师要促使学生用评分规则来解释给某个作品评定等第的原因。对于评价结果,学生无须达成一致,但需要分享各自的判断与理由。经过讨论后,他们将重新思考自己的判断与理由,这可能使得评价结果发生改变。

---

① 参考自 Arter J, Chappuis J. Creating & Recognizing Quality Rubrics[M]. Portland: Educational Testing Service, 2006: 133-146.

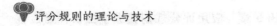

● 接下来,通过投票让学生分享他们的评价。如对于 5 点量表,教师可提问:你们有多少人给这个例子打分为 5 分,并整理票数,然后依评分点重复提问,再整理票数。在这之后,教师追问,你评价的结果是什么,其原因是什么。这样就引导学生进行讨论,这也是本步骤最关键的部分。在学生分享评价的结果和理由时,切记要促使学生以评分规则作为判断的依据。这里的关键并不是学生评价的结果和教师所想的一致,而是让学生对照评分规则所界定的水平找到相匹配的例子。

策略一、二要解决的问题是如何促使学生明确学习目标。学习目标不明确,评价与学习也就失去了意义。

第三种策略:定期向学生提供行动反馈。该策略要求学生回答的问题包括:依据评分规则,我的优点在哪?哪些方面我还需要努力?什么地方我还有问题,我能采取哪些措施来改进?而教师的职责是向学生提供改进所需的信息。

第四种策略:引导学生自我评价、自我设置目标。教师引导学生依据评分规则判断自己的学习水平,并设置自己改善的目标。特别当教师依据评分规则向学生提供描述性的反馈时,也就为学生的自我评价提供了指引。同时,教师也要引导学生设置具体的与学业成就关联的目标,并制订计划来完成目标。

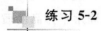 **练习 5-2**

请思考:策略三、四的主要目的是什么?

第五种策略:聚焦于评分规则的某个特定要素。如对于写作,"思想性"是写作的一个要素,在特定的时间,教师可针对该要素进行重点教学,要求学生把握其特定的内涵与要求。在学生达成该要素的学习目标后,就转向下一个要素,如"写作规范",然后依需要而行。

第六种策略:引导学生有侧重地改进。课堂上,教师要求学生就某些要素对自己原先的作品进行修改。学生应做的是依据评分规则来指导自己的改进。需要注意的是,学生这些行为是学生自己操作的,而不能是教师代劳。当学生发生这样的行为后,它能转化为深层次的学习。

第七种策略:促使学生反思自身的学习,并使得他们追踪、分享各自的学习。该策略的目的是让学生回顾自己的学习"旅程",以便他们发现自己曾经的学习状况及其与目标的距离。学生这种行为有助于他们洞察自身的学习。

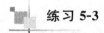

练习 5-3

请思考:策略五、六、七的主要目的是什么?

五、应用评分规则促进自我评价的案例

(一)背景介绍

赵老师是一所中等职业院校的信息技术老师,具有 12 年教龄,职称为中学高级,获得区优质课评比一等奖,是区里的名教师。

在实施演示文稿制作这一教学内容时,赵老师发现学生的知识基础非常薄弱,许多学生根本就不知道如何做一张像样点的 PPT。那么,好的演示文稿应该是怎么样的? 赵老师查阅了一些专业期刊,发现有效地呈现图片、合理的呈现顺序、内容准确、具有原创性等是高质量演示文稿应具有的特征。最后,他根据自己的教学需要,选择并修改一份演示文稿的评分规则,希望以它来促进学生开展自我评价,进而促使学生掌握制作演示文稿的技能。

(二)设计理念

理论表明,当学生想象他们的目标,看到图像化的模型,并且形象化地把他们的成果与一个标准相比较时,学生做得更好。因此,自我评价有助于学习的发生。为了帮助学生进行自我评价,根据教学需要,赵老师把"演示文稿"评分规则分为两大部分,表 5-2 所示是第一部分内容。

表 5-2　"演示文稿"评分规则(Ⅰ)

评价项目	4	3	2	1
有效性	演示文稿包括所有有助于理解主题的资料	演示文稿包括大部分有助于理解主题的资料,但缺少一至两个关键要素	演示文稿缺少两个以上的关键要素	演示文稿缺少多个关键要素,或者有一个不准确的资料
内容准确性	演示文稿中的所有内容都很准确	演示文稿中的大部分内容是准确的	内容基本上准确,但有个别信息具有很明显的缺陷或不准确	内容非常混乱或者包含着超过一处的关键性错误

续表

评价项目	4	3	2	1
书写和语法	没有书写或语法错误	有1～2处书写错误,但没有语法错误	有1～2处语法错误,但没有书写错误	有2处以上的书写或语法错误
文本格式	字体格式(如颜色、粗斜体等)经过精心设计,内容具有可读性	字体格式经过设计,内容具有可读性	字体格式经过设计,但内容的可读性较差	字体格式使得内容很难读

(三)实施要求

对教师教学组织的基本要求:在教授该内容前一周某个适当时间专门开设1～2节课来专题讲解演示文稿与自我反馈的重要性,并发给学生人手一份演示文稿评分规则文本(Ⅰ)。在学期教学过程中贯穿该思想,如在合适的时机要求学生在课后作业中写下自评记录;或穿插一个形成性专题小结,其间呈现相关学生作品与自评记录,并指出问题所在。

对学生自我反馈的基本要求:学生必须完成两份作业,一是就"提出问题"写一段总结;二是认真填写自评记录(见表5-3),特别是要记录下自己所存在的问题与不足,以便以后针对性地采取改进措施。

表5-3 学生的自评记录

姓名:_____   具体问题:_____

我在评分规则中的哪个水平:

我判断的依据:

对照评分规则我将怎样改进存在的问题(要针对具体问题做出具体描述):

......

(四)前期行动

1.准备阶段。赵老师专门设置了一个教学专题:如何进行演示文稿的自我反馈。在课堂上,赵老师强调了演示文稿制作的重要性,并为每位学生准备了一份自我反馈表与演示文稿评分规则(Ⅰ)。

2.实施阶段。在适当的教学时间,赵老师布置了专门作业,让学生就演示文稿的制作写一段总结,然后要求学生依据演示文稿评分规则(Ⅰ),完成自我反馈。针对学生作业中存在的问题,采取了如下措施:

第一,阅读和评价匿名学生的作品。在课堂上,赵老师呈现具有代表性的学生作品,要求学生做出评价。

第二,有侧重地修改。上一条措施能够帮助学生了解演示文稿包含哪些重要的要素。当学生明确了这点后,如何帮助学生理解自己要修改的内容,以及发现自己的弱项并及时地加以修改,是本条措施的目的所在。在开始阶段,由于学生很难同时进行所有必要的修改,赵老师先只关注一个要素,以便有重点地依次解决所要解决的问题。

第三,有重点地教学。在合适的机会,赵老师专门设置了教学情境,要求学生现场提出问题,并加以点评。

3.评价阶段。这里的评价主要采取如下两种方式。方式一是向学生提供具体建议。教学过程或作业批改中,针对学生存在的问题,赵老师及时地向学生反馈相关信息,并提出具体改进方向。方式二是开展学生作品展览。经过一段时间的教学后,教师在班级的黑板报上展示了一些优秀的学生作品,试图达到两方面效果:一方面为学生提供优良作品的样例,另一方面借此激励那些作品的作者。

(五)后续计划

通过两周的学习,赵老师发现不少学生已达到演示文稿评分规则(Ⅰ)中的较高水平,决定提高演示文稿的学习要求,增加了信息顺序、图片的应用、按钮与链接、声音设计、背景、图片来源、按钮导航、原创性等要素,并打算在学生自我评价基础上依据表 5-4 所示的评分规则开展学生同伴互评。

表 5-4 "演示文稿"评分规则(Ⅱ)

评价项目	4	3	2	1
信息顺序	以清晰而富有逻辑的方式组织信息。很容易预知下一张演示文稿的材料类型	大部分信息是以清晰而富有逻辑的方式组织的。但有个别演示文稿的顺序不合适	有些信息是以清晰而富有逻辑的方式组织的。有少数演示文稿的顺序不合适	没有对信息进行有逻辑的组织
按钮与链接	所有的按钮与链接都工作正常	90%～99%的按钮与链接都工作正常	75%～89%的按钮与链接都工作正常	少于75%的按钮与链接工作正常
按钮导航	按钮都经过恰当的标注,并且所有同类按钮在不同幻灯片中的位置一致	按钮都经过恰当的标注,并且大部分同类按钮在不同幻灯片中的位置一致	按钮都经过恰当的标注,按钮的位置安排随意	按钮的标注不充分,按钮的位置安排随意

续表

评价项目	4	3	2	1
图片来源	图片是手绘的,在演示文稿的某个位置给出了绘图者的授权说明	部分图片是手绘的,部分来自图片库。所有图片来源在演示文稿中均有标出	所有图片均来自图片库,"借来的"图片在文稿中均注明出处	所有图片均来自图片库,但一些图片没有注明出处
声音设计	对声音进行了精心设计。所有声音都有助于提高演示效果	对声音进行了一些设计。大部分声音都有助于提高演示效果。但有1～2处的声音让人无法理解,好在没有破坏整个演示效果	声音的选择与主题相符,但有些地方效果不佳	声音与整个演示文稿不符
背景	演示文稿的背景选择一致并与主题相符。背景没有影响文本和其他图片	演示文稿的背景选择一致。背景没有影响文本和其他图片	背景没有影响文本和其他图片	所选背景使得文字难读或者与图片不和谐
原创性	演示文稿显示了相当高的原创性和创新性。内容和观点的展示精彩而有趣	演示文稿显示了一定的原创性和创新性。内容和观点的展示有趣	有一两张演示文稿试图展示原创性和创新性	演示文稿是他人观点的重现,或者原创性极小

练习 5-4

阅读上述案例后,请思考:教师在该案例采用了哪些促进学生应用评分规则的措施?

第3节 应用评分规则促进学生同伴互评

一、同伴互评的技能组成

学生进行同伴互评对于学生和教师都具有重要价值。对于学生而言,同伴互评能让他们获得同伴的反馈信息,这种反馈信息使用的是他们平时熟悉的交流语言。对于教师来说,处理学生同伴互评的信息能帮助学生意识到自己的学习需要,在教学中应用同伴互评能为教师创造观察学生、反思教学、调整教学的充分时间。

要让学生在沟通、协商、评议中促进学生习得知能,促进学生社会性知能的发展,需要学生具备一定的互评技能。

由于学生同伴互评牵涉了不同主体之间的互动,它比学生自我评价更复杂。一般说来,同伴互评通常伴随自我评价的发生。先通过自我评价,学生事先对自己学习有了一定的认识基础,由此同伴互评提供的信息可进一步让学生更好地理解自己的学习。从这个角度看,同伴互评的条件不但包含了自我评价的条件,而且要求更加严格。

除了包含自我评价所需的条件,同伴互评特别需要学生具备社会性合作技能。这是因为,互评往往是与小组合作学习联系在一起的,而且学习任务往往是累积性的,为确保合作学习得以深度开展,在合作学习之初,学生之间需要达成某种协议或规则,如同伴互评契约,否则同伴互评未必能持续有效地开展。

为便于读者更好地理解同伴互评,我们不妨从同伴互评的过程来分析它所需的基本技能。图 5-3 所呈现的内容就是同伴互评发生的基本过程,每个环节及其要素就是学生需要

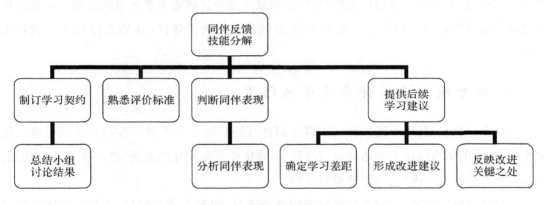

图 5-3　同伴互评技能的分解

具备的技能要求。其中的制定学习契约、熟悉评价标准、判断同伴表现、提供后续学习建议是学生互评需要的四大类技能,而每个技能需要后续的技能来支撑,如"判断同伴表现"需要"分析同伴表现"来达成。

(一)制订学习契约

制订学习契约——它需要学生之间相互协商,共同参与。在各个成员充分发表意见的基础上,总结小组讨论结果后,最终制订出合作的规则。这种规则是同伴互评中必须履行的契约,是确保同伴互评得以持续开展的重要保障。这种契约可由教师制订、教师与学生一起制订,或者学生之间通过讨论制订。

（二）熟悉评价标准

熟悉评价标准——学生研读评价标准，理解完成特定任务的标准。这是开展同伴互评的必要基础。而评价标准一般是由教师制订，有时也可以是学生集体讨论的结果。实际上，学生在研读评价标准的过程中也可以对自身学习进行自我评价，也就是说，同伴互评可与自我评价相互结合。

（三）判断同伴表现

判断同伴表现——它主要是指学生依据学习契约和评价标准，对同伴的表现进行分析，包括同伴达到的学习水平及存在的不足。

（四）提供后续学习建议

提供后续学习建议——在判断同伴表现的基础上，学生应确定出同伴是否达成了学习目标，其学习水平和学习目标的差距是什么；形成改进建议则要求学生对同伴的学习表现形成建设性的反馈意见；最后，学生要向同伴提供具体的改进建议，其形式包括书面或口头建议。

二、评分规则在同伴互评中的作用

与自我评价相似，以上第二、三、四部分同伴互评技能非常需要一种可视化的标准。依据此标准，学生明晰同伴需要达到的学习目标，并依此判断同伴的表现，进而提供学习建议。这显然和评分规则的内容、功能是相吻合的。

与自我评价不同的是，同伴互评技能的第一部分，即制定学习契约，涉及了学生之间社会性合作技能。这种技能并非所有学生都具备的，也并非所有学生都能在短时间内能学会的。因此，教师非常有必要为学生制定出有关学习契约，或者教师—学生、学生—学生之间共同制定学习契约。该契约可以评分规则的形式出现，以便学生更好地开展自评与互评。简要地说，同伴互评需要具备两种评分规则：一是关于学习契约的评分规则，它往往以小组合作规则的形式出现；二是关于特定学习任务的评分规则，它往往用来评价学生完成教师布置的作业或练习，如写作、实验操作等。

因此处理得当的话，评分规则在学生同伴互评中可发挥如下作用：

第一，为学生同伴互评的开展提供了遵守合作学习的规则。如果学习契约的评分规则制定得合理，学生就能明确各自的分工任务，并依此开展互评，从而确保学生同伴互评能持续而深入地展开。

第二,为学生同伴互评提供评价标准。评分规则由于包含了明确的学习目标,详细地描述了达成某个知识点的不同学习水平,评分规则本身就是评价标准,学生可以依此明晰自己和同伴的学习目标。

第三,为学生判断同伴表现提供了判断标准。同伴互评经过一段时间的开展,学生就可能依据评分规则分析同伴的表现。

第四,为学生向同伴提供及时而持续的反馈。当学生拥有评分规则时,他们就有可能对照评分规则,比较自己和同伴的学习水平,从而获得及时的反馈,而且考虑到学习时间的跨度,长期使用评分规则能为同伴互评获得持续的反馈信息。

总之,评分规则为学生互评提供了技术保证。当学生在评价中科学、合理地应用评分规则,自然会带动他们自觉地进行反思与合作等行为,这就是所谓的"用行为来促进行为的养成"。而这些反思、合作等习惯恰恰是深度的同伴互评所需要的。

三、指导学生应用评分规则开展同伴互评

依据同伴互评的技能要求,以及同伴互评的形式,教师在应用评分规则时,原则上除了可采取自我评价所使用的策略,还须采取如下一些策略:

第一,在事先公布评分规则之余,还应约定有关同伴互评的规则。无论对于正式还是非正式的互评,明确评价目标都是非常重要的。但对于一些正式的同伴互评,如小组成员互评,还需要另外一种规则——合作契约。之所以重要,是因为学生要明确自己对同伴或小组的责任。就此,教师还需要约定相关规则,必要时可把这些规则制成评分规则。

第二,要求被评价学生陈述正在进展中的作品,解释他们试图取得什么成就,以及打算如何取得这些成就。

第三,要求其他学生对被评价学生在哪些方面需要努力发挥优点、哪些方面需要大力改进提供详细的反馈。

第四,提醒每个学生认识自己作为小组或团队工作者的强项和弱点,并要求他们反思自己为小组或团队所做的贡献等。

第五,综合考虑各种因素,建立同伴互评小组。同伴互评非常复杂,需要考虑如何确定学生的组合以便形成合作伙伴,特别是要考虑综合学生之间的学习风格、学习兴趣、学习水平等因素来组成学习伙伴。

四、应用评分规则促进同伴互评的案例

(一)开发背景

在前文自我评价案例中,赵老师已经在班级里开展了学生自我评价,经过一段时间的实施,学生也基本掌握了自我评价的必要技能。为了更好地发动学生作为评价主体的作用,促使学生掌握演示文稿的学习要求,赵老师准备以小组为单位开展学生之间的同伴评价。

(二)实施流程

整个实施流程如下:开发小组互评评分规则;分学习小组互评评分规则,培养学生的互评能力;网上匿名评价匿名作品;定期核查学生互评情况,向学生提出具体建议。

1.开发小组互评评分规则。在外界相关专业力量的支持下,赵老师着手开发了如表5-5所示的小组互评评分规则。

表 5-5 小组互评评分规则

要素 1:小组互评文化
我做得很好:我一直认为,互评能促进小组所有成员的学习;在互评过程中,我总是坦诚地与同学交流自己的真实想法;对同学指出问题、提出建议时,我从不使用污辱性的语言;
我做得一般:我认为互评对我的学习还是有用的;在互评过程中,多数情况下我能坦诚地与同学交流自己的真实想法;对同学指出问题、提出建议时,我不会使用污辱性的语言;
我做得不好:我一直认为,互评对我的学习没什么作用;在互评过程中,我一般会隐瞒自己的真实想法;对同学指出问题、提出建议时,我没有考虑自己的措辞是否有污辱性的语言
要素 2:清晰的评价依据
我做得很好:我非常了解评价主题的评分规则;
我做得一般:经过一段时间互评后,我还需要对照评价主题的评分规则来评价同学的作品;
我做得不好:我不了解评价主题的评分规则
要素 3:明确的个人责任
我做得很好:互评过程中,我总是认真观察同学的作品,力求发现问题和提出有益建议;我经常向同学提供自己的看法;
我做得一般:互评过程中,我的建议多数情况下是经过认真思考的;我向同学提供自己看法的次数少于比自己发现同学的学习问题的次数;
我做得不好:互评过程中,我的建议很少是经过思考的;我很少向同学提供看法

续表

要素 4:具体的反馈信息
我做得很好:我总能指出同学的具体学习问题;我的建议非常具体且有针对性;
我做得一般:我多数情况下能指出同学的具体学习问题;我的建议通常是具体且有针对性的;
我做得不好:我很少指出同学的具体学习问题;我的建议非常模糊

2.分学习小组互评评分规则,培养学生的互评能力。根据班级的实际情况和教学工作负担,在自愿组合的基础上,结合调查学生对小组互评评分规则的回答情况,赵老师以六人为小组开展同伴互评。分组后,赵老师开设了一节课让学生学习小组互评评分规则。

在指导过程中,赵老师有计划地明确一些实施互评所需的具体要求。随着互评的开展,赵老师就先前已规划好的一些具体要求向学生做一说明,如要结合演示文稿与小组互评两份评分规则进行互评,每次互评前都要认真学习它们;在互评中,要参考表 5-6 对同伴提出具体的问题所在,以及下一步要解决的问题等。

表 5-6　学生的互评记录

同学目前的学习水平:
我判断的依据:
同学学习问题的原因是什么:
我的建议是:

3.网上匿名评价匿名作品。利用班级已有的网络平台,赵老师上传了一些学生匿名的典型作品,并要求学生进行匿名评价。

4.定期核查学生互评情况,向学生提出具体建议。每隔一段时间,赵老师检查学生的互评记录,或者与学生交流互评情况。每当发现互评中存在的问题时,就及时地做出教学调整,并向学生提出非常具体的建议。

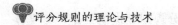

（三）实施效果

伴随学生同伴互评的不断深入，赵老师发现同伴互评能提高学生的评价能力，推动学生主动学习，提升学习表现，培养学生社会性合作技能，还能帮助自己通过互评信息来调整教学。

练习 5-5

阅读上述案例后，请你说说赵教师在该案例中应用了哪些措施以促进学生开展同伴互评。

练习 5-6

请检索相关社会文化学习理论，从中归纳相关内容来说明学生互评何以能促进学生学习，并与你的同桌分享各自观点。

练习 5-7

请你用概念图的形式总结本章内容。

进一步阅读的资料

1. 李晶. 小学英语口语教学中学生互评的实证研究[D]. 杭州：杭州师范大学，2011.

2. McLeod S G，Brown G C，McDaniels P W，et al. Improving Writing with a PAL：Harnessing the Power of Peer Assisted Learning with the Reader's Assessment Rubrics [J]. International Journal of Teaching and Learning in Higher Education，2009(3).

3. Rollinson P. Using peer feedback in the ESL writing class[J]. ESL Journal，2005(59).

4. Topping K J. Peer assisted learning：A practical guide for teachers[M]. Newton，MA：Brookline，2001.

5. 汪玲，郭德俊. 元认知的本质与要素[J]. 心理学报，2000(4).

6. 王文静. 学生自我评价流程分析[J]. 中国教育学刊，2005(3).

第6章 应用评分规则实行课堂等级评分

✏ **导读**

　　等级评分的目的是什么？是为了给学生一个分数或等第，还是从中发现学生的学习问题并加以改进？不同的回答意味着不同的等级评分行动。事实上，等级评分需要综合考虑这两方面的要求。本章的立场更趋向于后者，不过更多地从技术层面来探讨如何应用评分规则开展等级评分的形式，至于如何利用等级评分的过程信息与最终结果则取决于你开展等级评分的目的。这在前两章已有所涉及，应用这些知识可把等级评分的过程与结果信息用于改进教学与学习。

　　等级评分需要对学生的学习质量有一个正确有效、公正可靠的评判，有时候我们发现，学生对等级评分常常抱怨、感到受欺骗。从技术层面上分析，劣质的等级评分是其中一个重要原因。那么，怎样应用评分规则开展等级评分？这是一个非常复杂的问题，涉及诸多方面因素。就此本章主要探讨等级评分的基本问题与转化思路——如何转化评分规则分数为评语、百分数、字母等级三种形式，并为此提供相关建议，以便读者更好地应用评分规则进行等级评分。

【本章学习目标】

◉ 了解等级评分的基本问题；

◉ 理解应用评分规则开展等级评分的各种形式；

◉ 能对相关等级评分实践提出自己的看法或建议。

【本章内容导引】

◉ 等级评分的基本问题

　一、评分目的指向什么

　二、如何转化各种分数形式

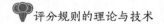

三、怎么交流评分结果

◉评分规则分数转化为等级的思路

一、实施框架

二、实施要点

◉评分规则分数转化为等级的形式

一、评分规则分数转化为评语

二、评分规则分数转化为百分数

三、评分规则分数转化为字母等级

（一）指向单次作品的分数

（二）指向累积性且包括不同类型作品的分数

（三）指向评分规则分数与百分比分数的混合

◉评分规则转化为等级的建议

第1节　等级评分的基本问题

一、评分目的指向什么

等级评分是个有悠久历史的教学评价行为，常常被用于判断学生某个作品或表现的质量，有时也用来判断学生某个阶段的学习质量。在很大程度上，等级评分被当作一种终结性的评价方式，但等级评分的范围、类型、意义并不局限于给出一个分数，其意义是多重的。

一次测验或者一次作业的评分可以表明学习目标的转化或学习阶段的结束，也可以为教师和学生下一步的教学和学习指明努力的方向。有时候我们发现，学生对等级评分常常感到不公平，对评价结果斤斤计较，以至于变成分数追求者而不是学习者。其中一个重要原因在于，学生并不明白最终等级或分数是如何得到的。因此，有必要让学生了解自己获得某个等级或分数的理由，并为之指出其需要改进之处。[①] 学生应该扩大对等级评分的理解，因为等级评分除了问责或考查学生成绩之外，其更重要的目的在于提供有针对性的反馈信息来促进学生学习。如果能为学生提供比较详细而全面的评分结果，而不是仅仅给个分数或

---

① 沃尔弗德，安迪生.等级评分——学习和评价的有效工具[M].国家基础教育课程改革"促进教师发展与学生成长的评价研究"项目组，译.北京：中国轻工业出版社，2004：6.

等级,学生可以从中获得更好的学习动力,激发学习潜能。

当前等级评分的最大问题在于它仅仅被定位于给予学生一个等级或分数,而较少考虑等级对于学生学习的促进作用。本书认为,开展等级评分需要平衡等级评分确定学生学习等第的目的与发挥等级评分促进学习的目的。

二、如何转化各种分数形式

无论等级评分出于什么目的,开展等级评分总要为学生确定一个成绩等级。学生成绩来源非常多样,可以是日常作业或者单元测试,也可以是日常非学术性的课堂表现。从时间长度看,等级评分可以针对某次作业,也可以针对纵贯整个学期或学年的总体表现。

让事情变得更为复杂的是,不同成绩来源的分数往往有不同的表达方式,更多时候可能指向不同的学习目标。例如,常见的分数形式有字母等级、百分比分数、评分规则的等级分数等。这些分数形式常常被混淆,它们之间的区别被忽视。

以评分规则的等级分数为例,实践中就存在众多问题:(1)评分规则中的等级被等同于字母等级。例如,一个五等级水平"1、2、3、4、5"被认为与常见的字母等级"A、B、C、D、F"是一一对应的。这个问题表明人们没有认识到等级水平与字母等级表示的意义未必相同。(2)评分规则的等级水平被认为是种线性关系,如"4"被认为是"2"的两倍,却不知道"4"与"2"并不代表数量的关系,只是描述达成不同要求的质量水平。(3)评分规则的分数在转化为等级水平时,其不同维度的权重被固定了。如对于五等级水平的评分规则,其每个维度的权重是20%,却不能依据教学实际的需要做出调整,以便强调某个教学重点,进而促使学生对此加以重视。

这些对等级分数的错误理解,加大了本来已非常复杂的各种等级分数转化的难度,而从技术角度看,各种等级分数的转化是开展等级评分的重点与难点。

三、怎么交流评分结果

等级评分是一种交流形式,是在课堂教学进展中教师与学生之间进行的一种重要交流形式。这种交流过程可以非常简单,例如可以直接告诉学生或家长一个最终学生成绩等级,也可以非常复杂,例如要为学生或家长准备一个学期以来有关学生学习的资料,以便与学生或家长共同做出学生学习调整的决策。

确实,怎么交流评分结果与等级评分的目的息息相关。但它总要回答:与谁交流?什么时候交流?在哪里交流?以什么方式交流?可以肯定的是,不同的教师会给出不同的答案。例如,一位教师可能喜欢在考试结束后联系家长,在电话中告诉家长接下来他/她该怎么样去监督学生作业的完成情况,而另一位教师一旦发现学生学习问题,可能更喜欢在任何教学时段联系家长,就学生的学习改进事项进行面对面的交流;一位非常尽责的教师可能会与家

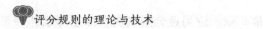

长沟通评分规则是什么,以便家长参与课堂评价,而一位粗心的教师可能仅在期中或期末考后召开的家长会上与家长进行寥寥数语的交流后就草草了事。

链接 6-1

向家长介绍评分规则

教师可以先向家长介绍:学生评价一般包括两个部分——教师要求学生做什么(评价任务)和高质量的表现或作品的特征描述(评分规则)。为了使家长更好地理解这些,教师可以用家长熟悉的例子来讲解,例如用生活必需品——卧室、饭店,做类比讲解。

相关定义

评分规则:描述我们认为的高质量表现、经验或作品的特征。

表现维度:构成一个好作品的具体要素。

描述语:用来解释这些要素应该是什么或不应该是什么的词组和句子。

相关例子

● 对于好卧室是什么样,评分规则将做出描述。其要素可能包括地板、床、衣服;对地板要素,其描述语可能为:地板很整洁,没有垃圾、玩具、食物、盘子、瓶子、罐头或衣服放置在上;常常用吸尘器清洁地板。

● 对于好饭店是什么样,我们一般会从服务态度、餐具干净程度、食物质量等方面做出评价。这三个方面就是评分规则的要素。而描述语就是用来确定每个要素的服务质量的标准,如用高、中、低三种水平来体现服务态度的质量。

可见,怎样交流评分结果受诸如教师对等级评分目的的定位、教师个人教学风格与责任心等多方面因素的影响。尽管如此,要有效地交流评分结果,首先需要获得一个能全面反映学生学习面貌的等级分数。

练习 6-1

在你看来,如果要发挥促进学生学习的作用,应该怎样开展等级评分?

第 2 节　评分规则分数转化为等级的思路

一、实施框架

将评分规则分数转化为等级是个复杂的过程。这当中涉及等级评分的目的、评分规则分数所指向的评价次数与目标、评分规则分数与其他诸如百分数等级的整合，等等。因此，在将评分规则分数转化为等级时，确定一个基本思路显得非常重要。图 6-1[①] 呈现了一种参考框架。

该图始于使用者对等级评分目的的思考。如果是为了更好地发挥等级评分促进学习的功能，则需要考虑评语，它可视为一种特殊的等级形式。如果仅为开展学业成就报告，则不需要评语，但需要完成图 6-1 中最左列后续部分必要的行动。但无论出于什么评价目的，都需要处理或整合第二、三大列所提的各种分数。

这首先需要观察所处理的分数类型。如果分数是来自同一个评分规则，而且是来自同一学习目标，那么可以对某次或几次评分规则分数进行整合。当时间跨度比较长、存在多个评分规则分数时，则需要考虑是利用近段时间内学生成绩比较好的分数还是全部时间内的分数，或者各个分数的中位值。关于这一点，本节第二部分将做更详细的解释。

如果分数是混合分数，则一般需要把它们分为两类。第一类是所有分数都是评分规则分数，但它们可能来自不同的评分规则；第二类是一些分数来自评分规则，另一些来自测试的百分数。对于第一类，可从报告卡所指向的内容入手。这些报告内容指向多条学习目标或学科层面的内容。如果报告内容是指向多条学习目标，则需要对相应分数进行整合，使用中位值、加权或逻辑约定来确定最终成绩的字母等级，必要时考虑应用中位值评定最终成绩。如果报告内容指向学科层面多个主题的成就，同样需要对相应分数进行整合，使用中位值、加权或逻辑约定，必要时考虑应用近段时间表现较好的成绩来算出中位值，并以字母等级来呈现。对于第二类，原则上我们并不建议整合评分规则分数与百分数。这是因为在很大程度上这样的整合会使得信息失真。当然，出于政策的需要，或者若能有效地加以操作，还是能尽量避免负面影响。实际上，第二类分数往往产生于制作报告卡的过程中，它所指向的内容一般为学科内容，而且来自评分规则的分数在总分中占有一定比例。具体操作时，需要把所有分数转化为百分数，第 3 节将对此做一扼要论述。

---

① 　参考自 Brookhart S M. How to Create and Use Rubrics for Formative Assessment and Grading [M]. Alexandria，Virginia USA：Association for Supervision and Curriculum Development，2001：117.

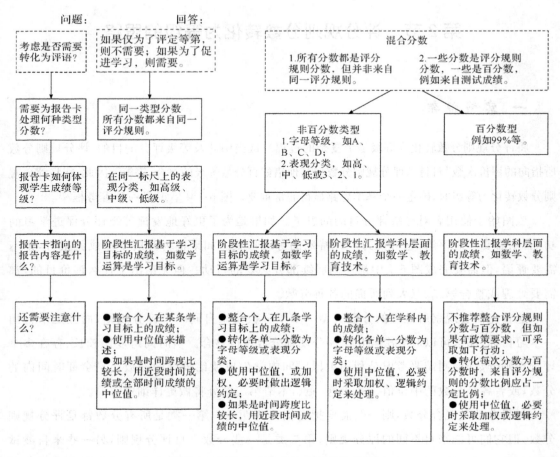

图 6-1　评分规则分数转化为等级的框架

二、实施要点

具体运用图 6-1 所示的框架时,需要把握好如下几点:

第一,考虑是否需要告知学生有关等级信息。这主要基于等级评分的目的。如果学生持续应用某项评分规则开展形成性评价,那么就有必要告诉学生获得最终等级的原因,实质上就是要求教师对学生表现做出反馈。

第二,考虑是否可用各个分数的中位值。当需要合并分项评分规则分数时,非常有必要采取中位值或做出逻辑约定以便得到最终等级。以四要素六水平的评分规则为例,假设一位学生在四个要素上的得分分布为 6、5、3、3。假设它们的权重一样,那么其平均分为 4.25 [即(6+5+3+3/4=4.25)],中位值为 4(即 6、5、3、3 的中间值),众数为 3(即 3 是出现频率最高的数)。如果现在需要对得 6 分的要素进行 2 倍加权,那么学生的得分变为 12,则相应的平均分为 5.75[即(12＋5＋3＋3)/4＝5.75]，中位值还是 4(即 12、5、3、3 的中间值)，众数为 3(即 3 是出现频率最高的数)。如果现在学生在其中一个原得分为 3 的维度上得分变为 5，那么平均分为 6.25，中位值还是 4，众数为 5。正如上述所示，平均分受极端值的影响非常大，非常不稳定，而中位值相比平均值和众数更为稳定。

　　第三，考虑是否做出逻辑约定。确实，采纳中位值是获得最终等级的一种简便快捷的措施，但必须指出，在这种转化过程中，事实上最终得分并不能表示确切的含义，尤其是在评分规则分数转化为百分数时，问题更为凸显——数值指向的背后含义发生失真现象。一种相对合理的方式是对平均分运用逻辑约定。当然这种逻辑约定需要经验和共识才能获得。因此，无论选择中位值还是逻辑约定都应视实际情况而定。本章只对逻辑约定做更深入的阐述，有关这部分内容可参考第 3 节，此处不再赘述。

　　第四，考虑是否运用了同一标尺。在整合各种类型分数时，将会遇到一个很现实的问题，即如何把这些不同类型的分数进行计算，例如当出现评分规则分数、百分数，而且评分规则分数又来自不同量表(如四点量表和六点量表)。这个时候就需要把它们置于同一标尺上，然后才能进行数据处理。

第 3 节　评分规则分数转化为等级的形式

一、评分规则分数转化为评语

　　当教师应用评分规则评价学生学习时，除了告知分数外，还需要告诉学生需要改进和努力的方面，提供的建议应具体而合理，评语要能起到这样的作用。作为等级评分的一种形式，评语显然有别于字母等级、数值型分数(如百分数)等，它是对学生个体的学业成就的描述。表 6-1 是关于一名学生学业成就的评语报告，它具体地向学生提供与预期学业成就要素相关的优缺点的个性化信息。教师做出这样的评语的依据在于学生所得的评分规则分数代表了某种水平，这些具有描述性的语言为教师的评语提供了撰写依据。

　　如果缺乏评分规则或类似评价标准支持，信息含量大的评语比较难写，因为好的评语部分依赖于教师的写作和分析技能。教师必须明确写给每个学生的评语内容，通常在提供太多的信息(这使得读写评语都非常耗时)与太少的信息(这大大减低了评语的价值)之间求得平衡是很困难的。当使用评语时，教师可能会发现自己重复使用同样的词语来描述不同学生个体相似的学业成就，特别对于更大的学生群体，评语的作用极其有限。

　　因此，在日常性的交流中，教师可以直接用评分规则分数代表的水平来代替评语。而在

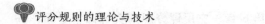

学期或学年的学业成就报告中综合学生各个方面的表现,把不同的评分规则分数代表的水平描述加以整合,以便减少一些工作量。

表 6-1　一份学生评语

你是位思维缜密的人,愿意接受挑战。你的思考方式独特,能以聪明、与众不同的方法解决问题。这次骨头钙化的科学调查就是体现你能力的一个例子。在调查的要素中:收集和记录数据、分析信息、得出符合逻辑的结论、确定和评价影响实验结果的变量,你已经达到了 5 分等级。但在同伴合作要素上,你还需要加强影响力,还应表现出良好的时间安排技能和组织能力。

二、评分规则分数转化为百分数

在等级评分中,百分数是一种常见的形式,其原意是显示学生答对题目的百分比,但正如下文所示,从评分规则分数转化过程来看,它只能大致地反映学生的学习情况,而不能具体地描述出学习情况,促进学生学习的作用不明显,存在不少问题,因此应尽量少用为宜。

转化评分规则分数为百分数的基本思路是:计算各个维度的百分数,合计所得总分,然后把所得总分除以评分规则的维度总数,那么得到的结果就是该作品的百分数。如在表 6-2 中例 1 的计算结果 64% 就是该学生的百分数等级。如果考虑到加权情况,还要在合计评分规则的分数时把相关要素的权重及维度总数考虑在内,具体例子可见下文相关折算办法。

三、评分规则分数转化为字母等级

评分规则分数转化为字母等级一般分三种情况,依据复杂程度,可分为指向单次作品的分数、指向累积性且包括不同类型作品的分数、指向评分规则分数与百分比分数的混合。

(一)指向单次作品的分数

即使是指向单次作品,把评分规则评定的结果转化为等级分并不是一件简单的事情,为了更好地说明问题,我们不妨先来看一下以下 3 个例子[①]。

---

① Arter J, Chappuis J. Creating & Recognizing Quality Rubrics[M]. Portland: Educational Testing Service, 2006:117.

例 1:五要素—五等级的分项评分规则

	5	4	3	2	1
要素 V 分数		4			
要素 W 分数			3		
要素 X 分数		4			
要素 Y 分数			3		
要素 Z 分数				2	

总等级是多少?

例 2:五要素—四等级的分项评分规则

	4	3	2	1
要素 V 分数	4			
要素 W 分数		3		
要素 X 分数	4			
要素 Y 分数			2	
要素 Z 分数		3		

总等级是多少?

例 3:六等级的整体评分规则

	6	5	4	3	2	1
分数			4			

总等级是多少?

很多教师可能会凭直觉给出这样的等级:例 1 为 B⁻ 或 C⁺;例 2 为 A⁻ 或 B⁺;例 3 为 B⁻ 或 C⁺。下述教师的做法也比较典型,其思路是先把评分规则的分数直接转化为百分数,计算出平均百分数后,根据百分数与等级的关系最后确定出最终等级。这种思考过程的关键在于百分数与等级的关系,即:如果评分规则是四个等级,则 100%、75%、50%、25% 与等级 A、C、D、F 对应;如果评分规则是五个等级,则 100%、80%、60%、40%、20% 与等级 A、B⁻ 或 C⁺、D、F、F 对应;如果评分规则是六个等级,则 100%、83%、67%、50%、33%、17% 与等级 A、B⁻ 或 C⁺、D、F、F、F 对应。依据这种思考可对上述三例做如下操作:

例 1 的折算过程:先把评分规则分数转化为百分数,即 $4/5 = 80\%$,$3/5 = 60\%$,$4/5 = 80\%$,$3/5 = 60\%$,$2/5 = 40\%$;然后计算出平均百分数,即 $(80\% + 60\% + 80\% + 60\% +$

40％)/5＝320％/5＝64％;接着把平均百分数转化为等级,即64％＝D。

例2的折算过程:先把评分规则分数转化为百分数,即4/4＝100％,3/4＝75％,4/4＝100％,2/4＝50％,3/4＝75％;然后计算出平均百分数,即(100％＋75％＋100％＋50％＋75％)/5＝80％;接着把平均百分数转化为等级,即80％＝B⁻或C⁺。

例3的折算过程:先把评分规则分数转化为百分数,即4/6＝67％,67％刚好处在67％这一节点上,然后把平均百分数转化为等级,即67％＝D。

上述操作显得很有依据,但是利用百分数计算出的结果并不和事先预定判断的结果相匹配。那为什么会出现这样的情况呢?后者依据直觉进行判断明显缺乏理由,而前者失误在于百分数不能精确地代表评分规则所评价出的学生学习水平。例如,例1四等级评分规则中,百分数有100、75、50、25,将被转化为等级A、B⁻或C⁺、D、F;水平3的描述符可能与C等级的作品表现并不相吻合,水平2可能并不代表失败水平的作品表现;例2的五点量表中,其百分数有100、80、60、40、20,将被转化为A、B⁻或C⁺、D、F、F,水平3未必代表失败作品;例3六等级整体评分规则中,水平6的描述同样也不一定能代表A等级的表现。简要地说,从指向的含义看,这种评分规则的分数与预设百分数之间并无对应的关系。

因此,不能直接把评分规则分数转化为百分数,再折算为最终等级。相反,要仔细观察评分规则的各个水平的描述,并采用"逻辑"的方式来确定最终的等级。如上述3个例子可采用表6-2所示的处理办法。

表6-2 应用"逻辑"确定等级

例1:五要素—五等级分项评分规则		例2:五要素—四等级分项评分规则		例3:六等级整体评分规则	
等级	评分规则评定分数的平均分	等级	评分规则评定分数的平均分	等级	评分规则评定的分数
A	4.2及以上	A	3.5～4.0	A	6
B	3.5～4.1	B	3.0～3.4	B	5
C	2.8～3.4	C	2.5～2.9	C	3或4
D	2.0～2.7	D	1.5～2.4	D	2
F	1.9及以下	F	1.0～1.4	F	1

需要注意的是,表6-2中例1、2包含小数,它们是在求取分项评分规则分数的平均分时产生的。上述六要素的评分规则只有一个分数,所以也就没有计算平均分的必要。这样,我们可以依据表6-2来确定上述三个例子学生作品的最终字母等级。

例1的折算过程:先求出评分规则分数的平均分,即(4＋3＋4＋3＋2)/5＝16/5＝3.2,

然后应用表 6-2 把平均分转化为等级,即 3.2＝C⁺。

例 2 的折算过程:先求出评分规则分数的平均分,即(4＋3＋4＋2＋3)/5＝16/5＝3.2,然后应用表 6-2 把平均分转化为等级,即 3.2＝B。

例 3 的折算过程:由于是整体评分规则且为一个分数,评分结果只有一个分数 4,应用表 6-2 得到最终等级 4＝C⁺。

使用逻辑规则的目的,在于确保同样质量的学生表现或作品得到一致的评分结果。因此,需要特别强调——不能盲目地把平均分直接转化为等级。

那么,如何去创建这样的逻辑规则呢?这并没有精确定论,更多的是基于教师的一种直觉、经验或专业判断。虽然开发这样的逻辑规则还没有可资借鉴的标准化工具,但是遵守以下的指南还是必要的:(1)与他人合作,一起开发逻辑规则;(2)仔细核查所用的评分规则和学生作品,依据自己的专业经验来判断哪个平均分能转化为哪个等级;(3)先将逻辑规则的初稿应用于新收集的学生作品,不断调整你的逻辑规则直到评定出的等级能反映出你的专业判断。

需要说明的是,上述的折算过程,在计算评分规则分数的平均分时,有个默认的条件,即每个要素被赋予了同样的权重,如例 1 中的计算式(4＋3＋4＋3＋2)/5＝16/5＝3.2。事实上,有时候我们可以对某个要素进行加权,如例 1 中的第一个要素的权重是其他要素的 2 倍,那么此时平均分为(2×4＋3＋4＋3＋2)/5＝4。如果使用表 6-2 的逻辑规则,则这位学生的最终等级为 B。如果教师根据自己的经验觉得这样的等级太高或太低了,教师需要重新创设新的逻辑规则。

当然,上述的操作方法需要事先确定逻辑规则,这并不是一件轻松的事。有时考虑到实际情况,如等级评分是低风险的,也可以采取下述简易的方法:

如对于例 1,可做这样的规定:A＝多数维度获得"5",获得"5"的次数不多于 2 个;B≈多数维度获得"5",获得"3"的次数最多为 1 个;C＝多数维度获得"3"与"2",没有一个为"1";D＝多数维度获得"1",最多获得"1"以上等级的次数为 1 个。

(二)指向累积性且包括不同类型作品的分数

在前一节,我们讨论了如何对单一学生作品或表现进行等级确定。而学生学习评价往往是累积性的,而且评价的内容可能是多样的,那么在经过各阶段的评分后,教师最终可能会遇到这样的问题:如何把不同评分规则的分数尽量精确地转化为学生最终等级?

例如,在表 6-3 中,应用 6＋1 要素评分规则(见附录 A)评定出某个学生在一个学期内写作的各次分数。1～6 代表的是这个学生议论文的成绩,7～12 代表的是说明文的成绩。(需要注意的是,并非所有的要素都在每次评价时成为考查对象,有时候为了强调某些特定要素,就没有记录下另外一些要素分数。同样,还要看到这位学生在第 9 次的说明文评分时,并没有获得成绩。)

那么,这个学生最终获得的等级是什么呢? 在此,教师必须考虑以下几个方面:(1)由于写作是累积性发展的技能,评分时是否需要考虑把所有作品都计算在内? 如果不是,需要选择多少数量的不同写作类型来评价学生当前的学习成绩? (2)如果所有作品都拿来评分,那么第 9 次任务的分数能否当作 0 分处理? (3)是否有些要素的权重比其他要素权重要大? 例如,思想性、组织性、写作常规要比写作风格、措辞、语句流畅性含有更多分值? (4)是否还保存着过去的一些作品? 如果有,是否要利用这些作品?

让我们来看表 6-3,观察不同的决策是怎样影响了这个学生的最终评分结果。由于都是六要素写作评分规则,我们不妨应用表 6-2 的逻辑规则,具体计算过程和结果可见表 6-3。

表 6-3　确定不同作品分数的最终等级

要素	思想性	组织性	写作风格	措辞	语句流畅性	写作常规
1.议论文	2	没列入评分	没列入评分	没列入评分	没列入评分	3
2.议论文	2	3	2	1		2
3.议论文	5	5			5	5
4.议论文	5	5	5	2	3	5
5.议论文	5	5	3		3	5
6.议论文	5	5	5		5	5
7.说明文	3	2	没列入评分	没列入评分	没列入评分	5
8.说明文	3	3	5	3		5
9.说明文	没交作品	没交作品	没交作品	没交作品	没交作品	没交作品
10.说明文	5	3	3			5
11.说明文	5	5	3	3	5	3
12.说明文	5	5	3	5	5	5

具体计算过程和结果:

1.如果利用所有的作品分数,并把 0 分计算在内,则所得评分规则总分/参与评分的要素总数＝平均分＝198/59＝3.36＝C[+]。

2.如果剔除没交作品那次的分数,利用所有的 11 次作品,则所得评分规则总分/参与评分的要素总数＝平均分＝198/55＝3.3＝B[-]。

3.使用每种类型的最后两次作品的分数,即 5、6、11、12 四次作品,则所得评分规则总分/参与评分的要素总数＝平均分＝96/25＝50＝B[+]。

在此我们忍不住会问,哪一次计算的成绩能最好地代表这个学生在学期末的学业成就呢? 对于上述情况,可以认为第三次的计算结果是最佳代表,其原因在于:

(1)第一次把 0 分计算在内对学生是不公平的,例如,这位学生在各次作品中获得的分数为 5、5、0、0、5、5、0、5、5、5、5、5,则他的平均分为=55/12=3.8=B。那 B 就代表了他现在的学业水平吗,难道不能推论出他该获得 A? 由于 0 的存在,要浪费很多个"5"以取得更高平均分。同样,我们应用等级评分是为了惩罚学生,还是为了更精确地评价学生? 最后,这个 B 能传递该学生漏交的那次作品吗? 如果漏交作品是个问题,那应该直接并独立地去处理。

(2)如果教师清楚这个学生的成就水平,那就不需要漏交的那次作品了。 如果教师还没有充分的证据来判断他的成就水平,教师可以考虑增加另外的作品,如第 8 次作品,或者告诉学生评分时把最低分去掉了,最后是用平均分来计算的,也可以利用现成的作品来作为证据。

因此,在合并不同分数信息以评定最终等级时,需要注意:不能把漏交的作品计算在内;当成就目标是累积性完成的,最好根据当前或最近的作品来评分。 对于后者,我们可以这样来理解,既然学生的成就水平已经达到了某个层级,又何必在乎以前一次遗忘的作品呢?①

(三)指向评分规则分数与百分比分数的混合

本节最后关注的问题是,当同时存在评分规则的分数和测试的百分数时,如何合并这些信息,并确定出最终的等级。 显然,由于"量纲或单位"的不同,不能直接把这两种信息进行合并。 一方面,百分数和评分规则的分数,如水平等级 1～5,并不代表同样的意义。另一方面,正如前面论述的,评分规则的分数也不好直接转化为百分数,否则评定的结果就不能代表学生真正的成就水平。 相反,我们需要一种新的逻辑规则以便把评分规则的分数转化为逻辑性的百分数。那么,需要怎样的程序来执行?

首先,把评分规则的分数平均为等级。这在前节中已经提过,其基本假设是:(1)哪个作品代表学生当前最好的成就水平;(2)不要把漏交的作品计算在内;(3)哪个要素的权重与其他要素权重是不一样的。

其次,把平均分折算为逻辑百分比。在此,我们可以用表 6-4 把评分规则的分数转化为逻辑百分数,如对于学生的评分规则平均分 4.0,对应的逻辑百分数为 88%。需要注意的是,表 6-4 前两列(评分规则分数的平均分和对应的等级)已经经过一次逻辑转化了。最后一列(逻辑百分数),必须事先制定好(见表 6-4)。这样,转化为百分比成绩后,才可以把这些

_____

①　这里不涉及学生由于态度而引起的作品遗忘问题。如果是考查态度的话,那么学生最终所获等级应考虑上交作业的次数与质量。

数据与其他测试百分比分数成绩进行合并。

表 6-4 合并不同分数信息确定最终等级

评分规则的平均分	转化的等级	逻辑百分数(%)
4.8～5.0	A$^+$	98
4.5～4.7	A	95
4.2～4.4	A$^-$	91
4.0～4.1	B$^+$	88
3.8～3.9	B	85
3.5～3.7	B$^-$	81
3.2～3.4	C$^+$	78
3.0～3.1	C	75
2.8～2.9	C$^-$	71
2.5～2.7	D$^+$	68
2.2～2.4	D	65
2.0～2.1	D$^-$	61
1.0～1.9	F	59

再次,确定各百分数的权重,并计算出最终的百分数。如上述学生的评分规则获得的总分数为 80%,而百分数测试得到的总分数为 88%,若这两个分数的权重是一样的话,则其获得的分数=(80%+88%)/2=84%。

如果评分规则的分数权重是 2 倍于测试分数,则其最终获得总分=(2×80+88)%=248%,而最终获得的分数=248%/3=82.7%。

最后,把平均百分数转化为等级。如对于上述例子,当两种百分数权重一样时,根据表6-4,该学生获得 B。如果评分规则的分数权重 2 倍于测试百分数,则获得 B$^-$。

上述转化过程给出了一个重要结论:当合并评分规则信息和百分数测试信息时,在确定最终等级前,应先把评分规则的平均分转化为百分数。

第4节 评分规则分数转化为等级的建议

评分规则转化为等级是极其复杂的,它对教师提出了很高的技术要求。但像所有等级评分形式一样,其作用在于与评价利益相关者充分地交流学生的学习情况,为学生的学习提供尽可能大的动力。具体说来,在评分规则分数转化为等级过程及学习情况报告中,要发挥这种等级评分的最大效益,对于教师来讲,至少要考虑如下事项:

第一,尽量把等级评分作为促进学生学习的工具。教师应明确等级评分并不仅仅是为了获得一个等级,更应体现出一种学习的关怀,评价、交流、激励学生。因此,在评分规则分数转化为等级时,无论是评语,还是百分数或字母等级,都要向学生提供目标和学习现状,并让学生明确它们之间的差距。

第二,强调学生、家长或其他利益相关者的"知情权"。要使学生在学习过程中,尽可能地投入时间和精力,学生最好能了解评分规则分数与等级的基本关系。否则学生将很难认同等级的意义。因此,教师必须事先向学生、家长等解释评分规则分数是怎样转化为等级的。而这样操作的好处能更好地调动各方支持学生学习的力量。

■ 链接 6-2　致家长的信

亲爱的家长:

"提出问题"是本学期的教学重点,总共开展了四次评价活动。在这四次活动中,您的孩子在最后一次活动中获得如下最好成绩:在发现现象方面得 3 分,在质疑现象方面得 2 分,在具体表达物理规律方面得 3 分,在表述出该规律的物理条件方面得 3 分。根据学校规定,这些分数应作为他的最终成绩。

根据多次评价结果的分析,他主要存在的问题是:不善于观察,不能及时发现现象;对于一些物理现象很少提出疑问;课堂中很少参与讨论,陈述自己的观点时,不会表达出物理规律和条件。

希望在后继学习中在以下几个方面做出改进:认真听课,注意观察;课堂上要勇于表达自己的观点,并具体地说出物理规律和条件。

有关"提出问题"学习要求的具体情况请参考下表。

要素	子要素	5	4	3	2	1	得分
提出问题	发现现象	及时准确地发现现象		当其他同学发现后，才感觉到现象；或在作业中较迟才提到发现现象		几乎看不出你有发现现象的表现	
	质疑现象	在作业与交流中清楚地说出自己的疑问		呈现疑问时思路还有点模糊		你的表现表明你还没有形成疑问	
	具体表达物理规律	具体表达自己的疑问中所含的物理规律内容		能间断性地表达出疑问中的物理规律内容		没有或不能表达出疑问中的物理规律内容	
	表述出该规律的物理条件	清晰地描述出疑问中的物理前提或条件		模糊地提到疑问中所存在的物理前提或条件		没让人看到你提出了疑问中所存在的物理前提或条件	

真诚地感谢您对我们教学工作的理解和配合！

汇报人：W 老师

2006 年 7 月 9 日

第三，尽量使用一些实用性技术。如果对于群体学生，可采用一些省却时间的技术，如把评语输入电脑中，当发现一些评语可重复利用时，就可以根据需要，随时从电脑中提取这些评语，并插入学生的评语报告中。

第四，尽量设置好逻辑规则。由于逻辑规则的制定需要长期的资料和研究，要产生这样的逻辑规则，仅仅靠教师个人的努力是很难做到的。一种可借鉴的做法是集中一个学区的专业力量，如汇集一些骨干教师，选择合适的评价主题，考查学区不同学年的学生作业及表现，在结合实际情况、达成最大共识的基础上，制定出特定评分规则的逻辑规则，并加以公布。

第五，考虑到等级评分的复杂性。这里教师要明确在评分规则转化为等级时其中必要的条件，如适用的对象为累积性的项目，如作文或科学调查，所使用的评分规则须为同一个评分规则。

第六，确保评分规则本身的质量。高质量的评分规则是有效开展等级评分的基础，否则等级评分就会失去意义。因此，教师或教师团队首先要致力于开发高质量的评分规则，只有这样才能确保等级评分的基本作用。

　**练习 6-2**

请你研制 2～4 个题目来总结本章内容，并提供这些题目的答案。

进一步阅读的资料

1.沃尔弗德,安迪生.等级评分——学习和评价的有效工具[M].国家基础教育课程改革"促进教师发展与学生成长的评价研究"项目组,译.北京:中国轻工业出版社,2004.

2. Stevens D D, Levi A J. Introduction to Rubrics: An Assessment Tool to Save Grading Time, Convey Effective Feedback and Promote Student Learning[J]. Journal of College Student Development,2013,47(3).

3. Brookhart S M. How to Create and Use Rubrics for Formative Assessment and Grading[M]. Alexandria, Virginia USA: Association for Supervision and Curriculum Development:2001.

4.徐敏,黄光扬.OP 与 FP:昆士兰州高中学生成绩评定制度简述[J].基础教育参考,2007(3).

附　录　评分规则集锦

评分规则是一种具有很强实用性和操作性的评价工具，对于教师教学与评价具有重大价值，但要设计出一个高质量的评分规则并不容易。一些对课堂评价具有浓厚兴趣的教师在尝试开发评分规则时，都会遇到一个非常突出的问题——开发评分规则需要非常扎实的教育评价知能与学科专业知能，而且开发工作极其消耗时间与精力。

确实，好的评分规则难能可贵，数量极少，需要更多人去开发，就此，本书收集了当前具有一定适用范围的 26 个评价标准，其中绝大部分可视为评分规则，个别样例略做修订就可成为评分规则。为便于论述，用评分规则来统称它们，并把它们大致分为 7 大类，按英文字母 A～Z 加以排序，以供从事职业教育的教师参考。考虑到职业教育专业门类众多、教育情境极其复杂，本书放弃了为各个评分规则做具体年级使用规定的说明，使用者应基于各自现场教学需要自行处理。如果使用者希望能深入了解这些评分规则，可以参考每个评分规则的参考文献，它们大多能提供更细节性的说明。

在这些评分规则中，有些非常精致，把一些细节性的信息都详细、全面地描述出来；有些比较粗略，个别样本甚至没有罗列等级水平，似乎是为了给使用者留白。因此，在选择评分规则过程中，您首先要问自己：这个评分规则是我需要的吗？如果是，那么它能否直接被我所用？如果不能被直接用于您的教学现场，那么就必须加以修改以吻合您的需要，必要时甚至可以对相关评分规则做出较大幅度的修改。

写作类

附录A　写作分析的6＋1要素评分规则

思想性

5＝文章清晰紧凑，能够吸引读者，相关的轶事和细节丰富了文章的中心主题。

A. 主题严密且易控制；

B. 相关生动的高质量描述细节给予读者超出表面含义的重要信息或预测；

C. 有合理的精确细节来支持中心思想；

D. 文章看起来是源于知识或经验，观点是新鲜的或独创的；

E. 可以预测并解答读者的问题；

F. 虽然并不强求，但洞察力——对生活的理解和发现关键的技巧，是高水平作文的象征。

3＝作者开始关注主题，尽管是基础的或一般化的主题。

A. 主题相当空泛，但是读者可以看出作者所指的方向；

B. 试图提供支持性的细节，但是对关键主题和情节的描述仍然显得太简单；

C. 观点十分清晰，但可能细节描述不充分、不具个性化、不精确或没有充分展开，以至于看不出理解的深度或者写作目的的重要意义；

D. 作品看起来是来源于知识或经验，但很难从常规观察中提炼出精华；

E. 给读者留下疑问，需要"填补"更多的信息；

F. 作者基本没有跑题，但是主题不清晰，作者还不能超越表面的内容。

1＝到目前为止，文章还没有清晰的目的、意义或中心主题。为了理解文章的内容，读者不得不根据粗略的或不完整的细节进行推断。文章中出现以下不止一种问题：

A. 作者仍然在寻找主题，有时可能产生一些想法，但还不能确定文章的中心思想；

B. 信息是有限的或不清晰的，或者信息的长度不足以展开一个主题；

C. 文章的观点只是在简单地重复题目，或者回答问题时很少或不注意细节；

D. 作者对主题的规定是没有意义的、非个性化的；

E. 所有的信息看起来都非常重要，作者不能分清主次；

F. 文章内容不必要地重复出现，或者看起来像是把断续、凌乱的观点堆砌起来。

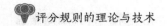

组织性

5＝文章的组织性强,有助于展现文章的中心思想或主题。文章的顺序、结构或表达的信息很吸引人,能够打动读者。

　　A.引人入胜的开头吸引了读者,令人满意的结尾让读者感觉结束得恰到好处;

　　B.段落转换经过了深思熟虑,衔接自然;

　　C.细节描述恰到好处,安排合乎逻辑;

　　D.张弛有度,作者知道何时该放慢速度做详细的描述,何时又该加快节奏,一带而过;

　　E.标题新颖,符合文章的中心思想;

　　F.结构严谨,过渡自然,使读者很难觉察到,根据写作目的和目标读者,选用了非常适合的文章结构。

3＝文章的组织结构很严密,让读者可以轻松地通读全文。

　　A.文章有显而易见的开头和结尾,但开头可能难以帮助读者了解文章的内容,结尾也很松散;

　　B.过渡还算自然,但观点之间的衔接是模糊的;

　　C.文章的顺序有一定的逻辑性,但不足以始终如一地支持观点;事实上,文章的结构有时候非常常见且没有新意,以至于读者根本没有注意到文章的结构;

　　D.张弛有度,但有时叙述时向前发展得太快或在不重要的内容上做了过多的细节描述;

　　E.文章有标题,但它通常是老套的或明显重复了已给出的提示或主题;

　　F.文章的组织结构有时可以支持中心思想或故事情节,但在另外一些时候,读者会感觉到过渡上有很大的跳跃性,或者衔接很不自然。

1＝文章缺乏一个清晰的方向。观点、细节和事件好像只是松散地或随意地堆在一起;没有清晰的内部结构。文章中出现以下不止一种问题:

　　A.文章没有合适的开头来引出正文的内容,也没有合适的结尾;

　　B.观点间的联系是混乱的,甚至根本看不出来;

　　C.在文章的顺序方面还要做大量的改进工作;

　　D.张弛无度:当读者想继续下面的情节时,文章的进展却非常缓慢;当读者希望更深入地了解一些内容时,文章描述得又很简单;

　　E.即使需要,文章也没有标题;或者即便有,也不能很好地与内容匹配;

　　F.文章结构中存在的问题使读者很难抓住文章的重点或故事情节。

写作风格

5＝作者直接以充满个性的、有吸引力的和有魅力的方式与读者交流,作者创作时明显地充分考虑了目标读者和写作目的。

A. 作者的语气可以增加文章的吸引力,并适合写作目的和目标读者;

B. 读者可以感受到与作者之间的强烈的相互交流,可以感受到文字背后作者的存在;

C. 作者通篇大胆地向读者进行了自我揭示;

D. 说明文和议论文紧紧围绕主题展开,充分解释了读者为何需要关注这一主题的原因;

E. 记叙文是真诚的、个性化的、有魅力的,能够引导读者考虑作者的想法和观点,进而做出反应。

3＝作者看起来是真诚的,但投入不够。结局是让人愉快、甚至动人的,但不能引人入胜。

A. 作者看起来了解观众,但没有提出个人的观点,使作品没有个性,显得人云亦云;

B. 作者以一种真挚的、令人愉快的常规方式与读者进行交流;

C. 文章的内容偶尔能取悦、吸引和感动读者,但这些闪光之处很少;

D. 说明文和记叙文不能紧紧围绕主题展开,因而缺乏可信性;

E. 记叙文的内容相当真实,但没有提出关于主题的独特的或个性化的观点。

1＝作者看起来对文章的题目或目标读者毫不在意,根本不考虑自己的写作目的。结果,文章出现以下不止一种问题:

A. 作者不考虑目标读者。作者的写作风格完全不适合潜在的读者,或者文章的篇幅过短以至于主题根本没有被展开;

B. 作者语言平淡,将文章中潜在的高潮和低潮都淡化了;

C. 文章是单调的,没有做任何新的尝试;

D. 文章一点也不生动,或是机械的;就题论题,过分专业化或不通俗;

E. 主题的展开非常有限,以至于根本没有提出什么观点,几乎等于零。

用　词

5＝所指向信息被精确、生动、自然地表达,措辞富有力度且吸引读者。

A. 用词准确而具体,使读者容易理解作者的意思;

B. 使用的词语可以使读者在脑海中建立生动的画面,且久久不能忘怀;

C. 语言自然,从不过分夸张;词语充满个性,给人留下深刻的印象;

D. 有震撼力的词和短语常常吸引读者的视线,并留在脑海中久久不能忘怀;

E. 生动的动词给文章增添了无限活力,精确的名词和修饰词增加了文章的深度和独特性;

F. 用词的精确性显而易见,作者谨慎地将恰当的词和短语放在适当的位置。

3＝虽然缺乏吸引力,语言还是发挥了应有的功能。它一般能够表达出作者的想法和观点。

A. 就一般意义而言,用词是恰当而准确的,它们只是不够精彩和新颖;

B. 所使用的熟悉的词汇和短语很难激发读者的想象力,不过,文中也有一两个精彩之处;

C. 试图用丰富的词汇扩展文章,增强吸引力,但有时太过火了,或同义词过多了;

D. 文章到处都是消极的动词、普通的名词和形容词、缺乏吸引力的副词;

E. 偶尔用词经过仔细考虑,通常使用"头脑中闪现出来的第一个词";

F. 语句正常,可以表达文章的意思,但精彩的地方太少。

1＝作者勉强使用有限的词汇来表达自己的意思。文中会出现以下不止一种问题:

A. 语言非常模糊,只能表现有限信息(如玩得开心;它整洁;它不错;我们做了许多事);

B. 读者读到的是通篇废话;

C. 用词不准确,不能传达想要传达的信息;

D. 有限的词汇和/或错误的用法削弱了读者对文章的理解;

E. 使用的行话或俚语扰乱或误导了读者,存在大量的冗余信息干扰了读者阅读;

F. 所用语言使读者不明白作者究竟想说/写什么,文章中的词汇根本不能表达应有的含义。

语句流畅性

5＝文章有流畅的起伏、节奏和韵律。句子极美,句式紧凑多样,朗读起来很有表现力。

A. 句子的结构能够加深和加强文章的含义;

B. 句子的长短和句式多变:如果进行断句,则增添了文章的风格;如果用对白的形式,听起来十分自然;

C. 意义明确且多样的起句方式增添了文章的变化与吸引力;

D. 句子和观点的联系是富有创造性的、恰当的,可以说明各个句子是如何相联系,以及如何以前面的句子为基础的;

E. 文章具有韵律,作者同时考虑了语言的发音及其意义,这使读者第一次见到时就能朗朗上口地大声朗读。

3＝文章沿着一个节奏平平地向前发展。趋向于温和、有条理，但不优美，呆板而不流畅。

A. 虽然句子没有经过巧妙的修饰或不优美，但仍很好地遵循了常规用法的写作模式；

B. 句子通常有正确的结构，连接十分合理；

C. 句子的开头并非都十分相似，可以看得出变化；

D. 读者有时不得不寻找句子之间相联系的线索（如关联词：然而、因此、一般而言、不久、另一方面、具体而言、例如、接下来、首先、随后、虽然等）；

E. 文章的部分内容朗读起来很有表现力，其他内容则显得僵硬、拙劣、不连贯或干巴巴。

1＝要清楚地理解文章是很费力的。文章会出现以下不止一种问题：

A. 句子是不连贯的、不完整的、杂乱无章的或拙劣的，需要加工；措辞听起来不自然；句式可能形成歌词式的节奏或单调的韵律，使读者昏昏欲睡；

B. 几乎体现不出"语感"；即使句子在编排上没有问题，句子之间也不能很好地结合；

C. 许多句子以相同的形式开始，并采用相同的单调句式（例如，主—谓—宾）；

D. 过多的连接长句或根本没有相关联词，因而造成语言上的混乱；

E. 朗读起来没有丝毫的表现力。

写作常规

5＝作者能够很好地掌握写作常规用法（例如，拼写、标点符号、大小写、语法和用法、分段），并有效地利用它们增强文章的易读性。错误可忽略不计，文章达到发表水平。

A. 拼写一般都是正确的，即使对于那些较难的字；

B. 标点符号应用正确，富有创造性，能够引导读者通读全文；

C. 表现出对大小写规范的完全理解，前后一致地应用它们；

D. 语法和用法是正确的，有助于清晰地表达文章的内容和确立文章的风格；

E. 分段通常是合理的，能够增强组织结构；

F. 可能为形成某种风格，作者熟练地使用常规用法，这的确非常有效；文章接近发表水平。

3＝作者对写作常规用法的掌握是有限的。有时处理得很好，有助于增强易读性，但有时一些错误会干扰读者对文章的理解。

A. 常用单词的拼写通常是正确的，但较难的单词可能会出现拼写错误；

B. 句号一般能够正确使用，但其他标点符号（逗号、引号等）有时会被遗漏或用错；

C. 大部分单词的大小写使用正确，但没有注意有些更复杂的地方需要大写；

D. 试图分段，但可能出现堆砌的情况或分段是错误的；

E. 语法及用法方面的问题不会严重歪曲文章的意义,但可能也有一些不容忽视的错误;

F. 需要对文章做适量的改动,以使文章达到可发表的水平。

1＝拼写、标点、大小写、语法及用法、分段的错误反复地干扰读者,使文章难以阅读。文章出现以下不止一种问题:

A. 即使常用的单词也经常会拼错;

B. 标点符号(包括句号)经常被遗漏或使用不正确;

C. 大小写极不规范,只能遵循最简单的规定;

D. 频繁发生非常明显的语法及用法错误,影响文章意义的表达;

E. 分段混乱,不分段或分段太多(每个句子都是一段),不能与文章的组织结构相吻合;

F. 读者必须揣摩文章的意思。要改动和修饰很多地方,才能达到发表的水平。

格式(可选项)

5＝文章的排列和格式有助于读者理解文章,并把文章的信息联系在一起,看起来很舒服,有视觉美感。

A. 如果是手写(无论是草体还是印刷体),字的倾斜度一致,字母排列整齐清晰,字与字的间距统一,文章易于阅读;

B. 如果使用文字处理软件,则字体和字号都很合适,能够吸引读者;

C. 页面空白(间隔、页边的空白)的使用能够集中而不是分散读者在文章正文和信息的注意力;页面空白和正文的比例十分协调;文章采用的版式适用于写作目的;

D. 标题、旁注、页码、粗体以及合适风格的表格(在适当的时候),有助于读者对信息和文章的理解,这些标注使文章的信息层次分明;

E. 考虑到写作目的和目标读者,将正文、插图、章节、段落、图表等有效地结合在一起;文章的内容和格式浑然天成;格式有助于更清晰地呈现文章的重要信息和主要观点。

3＝作者采用的格式使文章呈现的信息易于理解。

A. 字体清晰,但在字母的外形及字体、倾斜和间距上会有一些不一致,使得文章的一些部分比另一些部分更易于阅读;

B. 字体和字号在一些地方是合适的,但在另一些地方就显得不合适或杂乱无章;在文中的效果不一致;

C. 页边空白使部分正文可能显得很拥挤;虽然选择不同的间距(单倍、双倍、三倍间距)可以使文章更加易于阅读,但文中还是运用了同一间距;

D. 虽然有一些标注(标题、页码、粗体、旁注等),但它们并没有发挥最大的作用来帮助读者最大限度地理解文章最主要的意思;

E.试图使文章内容与格式相符合,但这种符合是有限的。

1＝读者感觉作者根本不在意文章的格式。

A.因为文字的倾斜度不规律、格式不一样或不正确、字间距不协调或根本没有,使得读者很难阅读或理解文章;

B.作者无规律地使用多种字体和字号,这成为干扰读者阅读的重要因素;

C.间距是随机的,并干扰读者阅读;在页面上可能只有少量或根本没有空白;

D.缺乏标注(标题、页码、粗体、旁注等),使读者迷惑于文章的各部分之间的联系,以及文章的组织方式;

E.格式不能支持或进一步阐明关键观点;格式可能会误导读者或复杂得难以让人明白。

(资料来源:Arter J ＆ Chappuis J. Creating ＆ Recognizing Quality Rubrics[M]. Portland:Educational Testing Service,2006:196-207.)

附录 B　个人表达写作的评分规则

要素	4	3	2	1
观点完整	作者将文章的观点完整地加以表达	作者努力要将观点发展完整,但效果一般	作者努力要将观点发展完整,但效果不好	作者没有将观点发展完整
组织	作者有目的地安排各个内容的顺序	作者较有目的地安排各个内容的顺序	作者安排了各个内容的顺序,但在各个片段之间有中断	作者几乎没有安排各个内容的顺序
关注读者	作者成功地预设并回答了读者的问题	作者努力预设并回答了读者的问题	作者试图预设并回答读者的问题,但没有成功	作者没有预设读者的问题
语言	作者一直在精心地措辞以润色文章,并采用了合适的语气	总体上,作者在精心地措辞以润色文章,并采用了合适的语气	作者偶尔会精心地措辞,并采用合适的语气	作者没有认真措辞,语句粗糙

(资料来源:http://www. bcpl. net/～sullivan/modulestipsrubrics/,2009-01-08.)

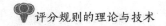

附录 C 商业信函的评分规则

要素	内容描述	可能的分数	得分 学生	得分 教师
格式	运用了适当的标题			
	运用了适当的称呼			
	运用了适当的结尾			
	运用了适当的间距			
礼貌	作者很有礼貌地进行自我介绍			
	作者有礼貌地提出清晰的要求			
目的	作者完全正确地解释了他的写信目的			
风格	在保持合适的语气基础上,注意运用个人特有的语气和形式			
地址	在信封和信的内容中都写下了寄信人的地址			
	在信封中适当地写下地址			
整洁	信件和信封显得很整洁、端正			

总分:

(资料来源:http://www.bcpl.net/~sullivan/modulestipsrubrics/,2009-01-08.)

附录 D 评论的评分规则

要素	4	3	2	1
开头语	评论的开头语引人入胜	评论的开头语比较引人入胜	评论的开头语缺乏趣味性	评论的开头语十分乏味,使读者难以读下去
背景资料	评论中包含了很多相关的背景资料	评论中包含了一些相关的背景资料	评论中包含了很少相关的背景资料	评论中没有任何相关的背景资料
观点	针对评论的开头语,清晰明了地阐明作者的观点	如果在措辞上再下点功夫,观点的阐述效果会更好	作者的观点有些混乱	作者的观点很混乱

要素	4	3	2	1
论据	评论中包括至少三个合理的论据,以支持所提出的观点	评论中包括三个论据,以支持所提出的观点,其中两个观点是合理的	评论中的证据只有一个是合理的	评论中的证据没有一个是合理的
针对性	所有论据都是针对潜在读者,目的是使他们信服	有两个论据是针对潜在读者的	有一个论据是针对潜在读者的	没有任何论据是针对潜在读者的
分段	每个论据都写在各个段落的主题句中	每个论据都写在各个段落里,但不一定是在主题句中	不同的论据没有写在不同的段落中	不同的论据没有写在不同的段落中,且缺乏逻辑顺序
过渡	作者使用了有效的语句,使得全文的各个段落自然过渡	在不同段落之间运用了一些过渡	只有两个段落之间用了过渡语句	在不同段落之间,没有任何过渡
结语	用简明的结语概括所有的结论	用结语概括了大部分结论	结语只重述了一个结论	没有结论
书写与语法	没有书写与语法错误	仅有很少的几个语法和书写错误	含有一些语法和书写错误	含有许多语法和书写错误

（资料来源：http://www.bcpl.net/～sullivan/modulestipsrubrics/,2009-01-08.)

科学类

附录 E　有创意的科学实验的评分规则

评价任务：整个学期的任务是设计、实施一个有创意的实验,并用科学的格式记录下来。学生应决定两类商业产品(如两类爆米花)中哪一个最好。至少基于四个实验因素做出判断,例如玉米爆破的比例,而不是价格,因为价格被写在包装上。

标　题

5＝风格和结构适合科学杂志,包括必需的描述符号、商标名称并允许读者去预先设计;

4＝风格和结构适合科学杂志,有大多数描述符号、实验功能和设计建议,但缺乏商标

名称;

  3＝有功能和商标名称,但不允许读者预先设计;

  2＝有识别功能或商标名称,但两者不全有,缺乏设计信息或存在可能误导读者的信息;

  1＝模仿其他课程,或者缺失标题。

介　绍

  5＝能清楚地界定研究目的,确定感兴趣的读者,采用适当的风格;

  4＝能清楚地界定研究目的,确定感兴趣的读者;

  3＝能清楚地界定研究目的;

  2＝介绍了研究目的,但需要读者去识别;

  1＝不能识别研究目的。

科学格式的要素

  5＝所有的材料安排得恰当、到位,各部分组织逻辑清楚,不同的部分相互对应;

  4＝所有的材料安排得恰当、到位,各部分组织逻辑清楚,不同的部分缺乏对应;

  3＝材料安排得合适,各部分没有合理组织,忽视对应;

  2＝一些材料置于不当的位置,或者它们没有被很好地组织;

  1＝材料安排不当,或有部分明显地缺乏组织。

材料和方法部分

  5＝包含有效的、数量充分的、简明的信息,并且实验能被复制;报告的所有部分信息都可以追溯到本部分,明确所有收集数据的来源,以一种适当的时间顺序明确后续信息;不包含啰嗦的过程描述;

  4＝同5,但在这部分中可能包含不必要的信息或啰嗦的过程描述;

  3＝表明实验可以重复,报告的信息都可以追溯到本部分,但不能识别某些数据的来源,或以无组织的方式呈现后续信息;

  2＝实验能够最低限度地重复,部分基本设计能被读者推理出来,过程缺乏充分的描述,在阅读材料和方法部分时,结果或结论的信息不能被预测出来;

  1＝实验描述极其缺乏,或使用了不科学的方法致使实验不能被重复。

非实验信息

5＝学生研究和提供了价格与其他非实验信息,这些信息被期望对读者选择更好的产品有启示作用;或特意描述实验因素之外的非实验因素,在正文中的适当位置插入一些非实验信息或建立一种带有权重的等级量表,在结论中体现非实验信息;

4＝同5,但是对读者有启示作用的非实验信息缺乏有效性;

3＝学生介绍价格和其他非实验信息,但没有同结果成为一体;

2＝学生研究和提供了价格信息,但没有包括或排除其他非实验信息;

1＝学生把价格和其他非实验信息的变量作为研究变量,不能识别它们对研究的作用。

实验设计

5＝学生选择的实验因素对研究目的和读者是合适的,对所选择的测量也是合适的,为使数据出现显著性变化,学生建立了离散小组;学生有能力排除设计误差以及研究陈述的误差;学生能够选择适当的样本容量、同质群体和统计方法,实验设计良好;

4＝同5,但学生的实验设计只能称合适;

3＝学生所选实验因素适合于研究目的和读者,对所选择因素的测量也是合适的,为使数据出现显著性变化,学生建立离散小组;实验误差控制得较差,样本容量少于10;

2＝同3,但在消除误差方面研究没有措施并且没有适当的样本容量;

1＝学生设计了一个差的实验。

操作定义

5＝学生构造了具有较强综合性的操作定义,并很好地提出了具有特殊性的操作定义;

4＝学生构造了一些具有一定综合性的操作定义,提出具有特殊意义的操作定义;

3＝学生构造了一个一定的(尽管可能不够清楚)操作定义和一些特殊的操作定义;

2＝学生构造了一些特殊的操作定义,但没能够构造具有综合性的操作定义;

1＝学生缺乏对操作定义的理解。

变量控制

5＝报告表明学生有能力控制各种实验变量和随机变量;学生可做出推断,或在推断中不受暗示因素的影响,总体上能良好地控制变量;

4＝同5,但学生只能适当地控制变量;

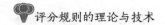

3＝学生有能力去控制一些对实验有重要意义的变量,在方法和材料部分没有显示学生对随机变量的控制;

2＝学生有能力控制一些重要变量,但并非全部;

1＝学生缺乏对控制变量的理解。

收集数据得出结果

5＝学生选择一定的实验因素和定义,形成大量用以比较的单元,在测量这些因素和单元时有足够的数量和适当的时间间隔;学生选择适当的统计信息用于结果。学生能正确地用图表描述他们的结果,各种图表、曲线图表示的数据也同样清楚地呈现给读者;

4＝同5,但学生的图表不太能体现出关于结果的主题;

3＝同4,但报告中的图表与数据材料不相关或统计处理不适当;

2＝学生选择一定的实验因素和定义,形成大量的用以比较的单元;但在测量时没选择适当的数量或适当的时间间隔,或者不能生动地展示信息;

1＝学生不能选择、收集或得出一定的结果。

解释数据

5＝学生能够概述研究的目的和发现;学生能够依据科学原理运用数据进行推断,在推断时能够关照感兴趣的读者;学生能够解释预期的结果并对预期结果提出解释和进一步的研究建议;学生能够诚实地呈现数据,并能区分事实和暗示,并避免过度概括;学生能够在结论中体现非实验信息;学生接受或拒绝假设;

4＝同5,但是学生没有接受或拒绝假设;

3＝同4,但学生过度概括或在结论中缺乏非实验信息的支持;

2＝学生能够概述研究的目的和发现;学生解释了预期的结果,但忽视了非预期的结论;

1＝学生可能或不可能概括结论,并不能对感兴趣的读者解释它们的意义。

(资料来源:沃尔弗德,安迪生.等级评分——学习和评价的有效工具[M].国家基础教育课程改革"促进教师发展与学生成长的评价研究"项目组,译.北京:中国轻工业出版社,2004:179-182.)

附录 F　科学探究的评分规则①

提出问题

1.表现性任务

请观察两个关于直线运动的动画实验,黑板上的表格描述了在 1 分钟内它们运动的位移和时间的情况(见下表)。观察后,请你比较两种运动的区别。

位移	0s	5s	10s	15s	20s	30s	……
S_1/m	0	5	10	15	20	30	……
S_2/m	0	2.5	10	22.5	40	90	……

2.评分规则

要素	子要素	5	4	3	2	1	得分
提出问题	发现现象	及时准确地发现现象		当其他同学发现后,才感觉到现象;或在作业中较迟才提到发现现象		几乎看不出你发现现象的表现	___×1=___分
	表达疑问之处	在作业与交流中清楚地说出自己的疑问		呈现疑问时思路还有点模糊		你的表现表明你还没有形成疑问	___×1=___分
	用物理语言表达疑问	具体地用物理语言表达疑问		能模糊地用物理语言表达出疑问		不能用物理语言表达出疑问	___×2=___分
	表述出疑问的证据	清晰地描述出所提疑问的证据		模糊地描述出所提疑问的证据		没让人看到所提疑问的证据	___×2=___分

---

① 科学探究包括 7 个要素,分别为提出问题、猜想与假设、制定计划与设计实验、开展实验和收集数据、分析与论证、评价、交流与合作。这 7 个要素的评分规则为分项评分规则,而且各个子项具有不同的权重。应用这些评分规则时,可根据需要改变权重。由于评分等级的设计极具实践性,因此本部分并没有呈现相关等级设计,有需要的教师可用分数区间自行设计等级。

猜想与假设

1.表现性任务

观察"提出问题"部分的物理现象,请你猜测第二种运动在经过同样时间后的运动位移之比,并写出数学表达式。

2.评分规则

要素	子要素	5	4	3	2	1	得分
猜想与假设	提出假设	明确指出假设的内容		经过修改,能明确假定的内容		没有提出假设	___×1=___分
	构造假设	能应用已有的知识与经验对假设做出初步的逻辑证明;有明确的变量—因变量;采用了如果—那么的表达形式		能把已有的知识、经验与假设联系起来,但逻辑证明模糊;经指导能明确变量—因变量		没有把已有的知识、经验与假设联系起来,没有论证的表现	___×3=___分

制定计划与设计实验

1.表现性任务

请你在完成上述任务后(见"猜想与假设"部分),设计一个实验方案来验证你观察后做出的假设。

2.评分规则

要素	子要素	5	4	3	2	1	得分
制定计划与设计实验	明确实验目的,应用实验原理	你的表现(叙述、作业)表明你的实验目的很明确;选择的实验原理也很具体、合理		你的表现(叙述、作业)表明你有明确的实验目的;选择的实验原理误差较大		你的表现(叙述、作业)表明你还不知道实验目的,也没有选择实验原理	___×3=___分

要素	子要素	5	4	3	2	1	得分
制定计划与设计实验	了解实验已有条件，设计实验程序和步骤	在叙述、作业、操作中都明确地说明实验条件；实验程序与步骤条理清楚、富有逻辑性，与实验目的和原理相匹配，富有操作性		叙述、作业、操作明确地说明实验条件；局部实验程序、步骤条理不清、逻辑性不强；实验程序和步骤与目的和原理相匹配，经修改可进行实验操作		在叙述、作业、操作中都没有明确说明实验条件；实验程序与步骤缺乏条理性、逻辑性，也与实验目的和原理不匹配	＿＿×5＝ ＿＿分
	选择实验方法与装置/器材	能依据实验原理、步骤选择实验器材；实验器材误差小；实验器材来源多样		能依据实验原理、步骤选择实验器材；没有选出误差最小的实验器材；实验器材仅来自实验室		实验器材的选择与实验目的、原理并不一致；所选择的实验器材误差非常大	＿＿×5＝ ＿＿分
	把握实验变量，并能采取控制变量的方法	叙述、作业、操作表明你已明确地进行控制变量，而且也表明你明晰所研究的是哪些变量的关系		你的叙述、作业、操作表明你确定研究的是哪些变量的关系；进行实验时，经常会忘记了控制变量要求		叙述、作业、操作表明你并不清楚所研究的是哪些变量的关系；没有采取控制变量法	＿＿×5＝ ＿＿分

开展实验和收集数据

1.表现性任务

在完成上述任务后(见"制定计划与设计实验"部分)，请进行实验操作，并记录相关的数据。

2.评分规则

要素	子要素	5	4	3	2	1	得分
开展实验和收集数据	收集实验数据的方式	你进行有目的、有计划的观察,即使对于偶然的现象;你的观察目标明确,所收集信息和数据确切地反映现象的特征;在相应时刻或时间段内记录信息;能通过多种途径收集信息		你进行有目的、有计划的观察,但你很少对偶然的现象进行分析;你的观察目标明确,所收集信息和数据也确切地反映了现象的特征;大多数情况下,在相应时刻或时间段内记录信息;能通过几种途径收集信息		你的观察缺乏目的性和计划性,你没有关心、留意过偶然现象;你没有明确的观察目标,所收集信息和数据没有反映现象的特征;不知道在相应时刻或时间段内记录信息;几乎没有收集信息的途径	____×5=____分
	按说明书操作,能使用基本仪器,具有安全操作的意识	能迅速地按说明书进行正确操作,必要时还能进行选择性地操作;了解基本仪器实验要求、辨明测量范围和最小刻度、准确装配仪器、准确读数;注意到仪器的测量范围;有保护仪器的意识;有安全意识		在较长的时间内准确地按说明书进行操作;了解多数基本仪器的实验要求、测量范围和最小刻度;大多数情况下,能准确装配基本仪器,准确读数;注意到实验仪器的测量范围;有保护仪器与自身安全的意识		不能按说明书进行操作;不了解少数基本仪器的实验要求、测量范围和最小刻度;不能准确装配仪器、准确读数;没有注意到仪器量度的范围;没有保护仪器的意识	____×5=____分
	如实记录实验数据,知道重复收集数据的意义	实验数据详细,对于某次实验或过程有3~5次的重复记录;数据没有伪造的现象,如数据皆为整数或计算结果没有误差,必要时能重新操作实验来获得数据		大部分实验数据详细,对于某次实验或过程一般有3~5次的重复记录;数据没有伪造迹象,例如数据皆为整数或计算结果没有误差		只记录了少部分实验数据,对于某次实验或过程只有单次的记录;这些数据有伪造的迹象,例如数据皆为整数或计算结果没有误差	____×5=____分

分析与论证

1.表现性任务

请你在上述任务(见"进行实验和收集数据"部分)的基础上,分析收集到的数据,并以此论证你原先所做的猜想或假设。需要提醒的是,论证过程需要包含数据收集的方法、所采用的数学公式、图像/线、最后得到的结论。

2.评分规则

要素	子要素	5	4	3	2	1	得分
分析与论证	明确数据收集的基本方法	你对数据进行了分析与归类;用一定的表格并相应地记录下不同类型的实验数据		你对数据进行了分析与归类;大多数情况下明确地记录了实验数据,也记录了一些无关变量的数据;数据没有有序地记录入事先准备的表格		你记录的数据杂乱无章;只在少数情况下记录了实验所需要的数据	___×5=___分
	应用数学思路,比较、寻找数据之间的规律	你比较了一个物理量在不同实验条件下的特征,比较了两个物理量的之和、之比值、之乘积在不同实验条件下的特征		在不同实验条件下,你至少选择两种下述方式:一个物理量在不同条件下的特征、两个物理量之和、之比值、之乘积进行比较		在一种实验条件下,你没有选择下述方式:寻找一个物理量特征、两个物理量之和、之比值、之乘积进行比较	___×5=___分
	应用处理实验数据的方法、手段	你把处理后的数据填入自制的图表上描出数据,各种图表的纵横列单位明确,能按照数据的大小排列等规范描出图线;你采用的处理手段包括:纸笔计算、作图、计算器、数学公式或其他数据软件;必要时还关注了异常数据;所有这些数据的处理结果都是正确的		你把处理后的数据填入老师或资料上给出的图表,或在图表上描出数据,并按数据大小排列等规范描出图线,但个别数据处理有误;数据处理手段只有一种		你填入表格的数据没有处理过,或画出的图表不合规范,所描出的连接图线表明有多个数据处理有误;你的处理手段单一且不完整	___×5=___分

续表

要素	子要素	5	4	3	2	1	得分
分析与论证	得出结论，解释、描述实验结果	你明确地指出假设成立或被推翻的理由，陈述原因和结果时，具体说明了实验条件和结果的内容，所用的语言简洁而概括		你明确指出假设成立或被推翻的理由，但理由陈述不够充分；陈述原因和结果时，具体说明了实验条件和结果的内容		你没有指出假设成立或被推翻的理由；陈述原因和结果时，也没具体说明实验条件	＿＿×3＝＿＿分

评 价

1.表现性任务

在完成前一个任务（见"分析与论证"部分）后，请反思实验方案和实验过程中存在的问题；正确评价实验结果与假设的吻合程度；如有可能，指出实验中发现的新问题。

2.评分规则

要素	子要素	5	4	3	2	1	得分
评价	分析假设与实验结果的差异，注意到未解决的矛盾，发现新的问题	你明确地提出了假设与实验结果的差异类型、未解决的矛盾、可接受的误差范围并用观察到的数据具体描述出你发现的新问题		你明确地提出了假设与实验结果的差异类型、未解决的矛盾，但没有具体指出你发现的新问题		你基本没有提出假设与实验结果的差异类型，也没有指出未解决的矛盾	＿＿×5＝＿＿分
	改进探究方案	你的行动和书面材料提出了改进方案，这包括：实验方法、实验器材、变量的控制		你的行动和书面材料提出了改进方案，这包括：实验方法、实验器材、变量的控制、异常数据的处理		你的行动和书面材料没有提出改进方案	＿＿×5＝＿＿分

交流与合作

1. 表现性任务

考查下表,先进行自我评价,写下自己在该环节存在的问题,并在小组内交流,交流后整理好自我评价报告。

2. 评分规则

要素	子要素	5	4	3	2	1	得分
交流与合作	实验报告	实验报告完整,包括了标题、研究的问题、变量、因变量、实验流程、实验结果等,表现形式富有个性;报告逻辑性强、证据充分		实验报告完整,包括了标题、研究问题、变量、因变量、实验流程、实验结果等;局部环节报告逻辑性不强、证据不够充分		报告内容有严重的缺失;只在局部环节报告有逻辑性,提供了证据	＿＿×5＝ ＿＿分
	独立与合作精神,坚持原则又尊重他人	明确自身任务,积极参与研究,遵守规则,讨论时提供富有启发性的信息,及时提供研究所需的材料,并在规定时间内完成任务;讨论时能据理力争,尊重小组成员的观点,能及时吸取同伴建议		明确自身任务,积极参与研究,遵守规则;讨论时能据理力争,多数情况下能尊重小组成员的观点,并吸取同伴建议		实验中你置身事外,也没有独自进行实验;没有参与讨论,没有采纳同伴建议	

（资料来源:邵朝友.评分规则的开发与应用研究[D].上海:华东师范大学,2007:53-55.引用时做较大修改。）

数学类

附录 G 图表绘制的评分规则

评价项目	4	3	2	1
单位	所有单位都用关键词或符号画出,大小与其数据设置相符	大多数单位都用关键词或符号画出,大小与其数据设置相符	所有单位都用关键词或符号画出,但大小与其数据设置不符	没有画出相应的单位,大小与其数据设置也不符
整洁性与吸引力	设计特别好,整洁,有吸引力,图表的整体颜色协调,使其更具可读性。运用标尺和图纸(或计算机绘图程序)绘图	整洁,比较有吸引力。运用标尺和图纸(或计算机绘图程序)绘图	线条很整洁,但图表看起来非常平淡	看起来比较乱,绘制草率
精确度	所有点都得到精确安排,易读性强。如果不是用计算机绘图程序,就要用标尺整洁地连点来绘制线条	所有点都得到精确安排,易读性强	所有点都得到精确安排	没有正确安排点的位置,或者包含多余的点
图表类型	图表类型与数据协调得很好,易于解释	图表类型没有歪曲数据,但对数据的解释有些困难	图表类型容易歪曲数据,对数据的解释有些困难	图表类型严重歪曲数据,几乎不可能解释数据
数据表格	表格中的数据组织得非常好,精确易读	对表格中数据进行组织,易读	表格中数据不很精确	表格中的数据不精确,或者不易读
标题	标题具有创造性,与图表说明的问题明确相关,并标在图表的顶部	标题与图表说明的问题明确相关,并标在图表的顶部	标题标在图表的顶部,但标题不准确	标题的位置不正确或与图表说明的问题不相关

评价项目	4	3	2	1
x轴标识	x轴有明确、整洁的标识,描述了变量的单位	x轴有明确的标识,描述了变量的单位	x轴有一个标识	x轴没有标识
y轴标识	y轴有明确、整洁的标识,描述了变量的单位	y轴有明确的标识,描述了变量的单位	y轴有一个标识	y轴没有标识

(资料来源:闫寒冰.信息化教学评价——量规实用工具[M].北京:教育科学出版社,2003:134.)

附录 H 数学问题解决的评分规则(1)

评价项目	4	3	2	1
数学概念	解释体现了对用于解决一个(或多个)问题的数学概念的全面理解	解释体现了对用于解决一个(或多个)问题的数学概念的基本理解	解释体现了对用于解决一个(或多个)问题的数学概念的部分理解	解释体现了对用于解决一个(或多个)问题的数学概念的理解非常有限,或者根本没有理解
数学推理	运用复杂而缜密的数学推理	运用有效的数学推理	运用了部分数学推理	几乎看不出运用了什么数学推理
数学错误	90%~100%的步骤和方法没有数学错误	85%~89%的步骤和方法没有数学错误	75%~84%的步骤和方法没有数学错误	低于75%的步骤和方法没有数学错误
操作运用	学生听从指导并按照指导去做	总体上学生听从指导并按照指导去做	学生有时会听从指导并按照指导去做,有时需要提醒才能按照指导去做	学生很少听从指导
共同学习	学生是一个投入的参与者,听从别人的建议,在课上进行积极的合作学习	学生是一个投入的参与者,但需要鼓励才能坚持合作学习	学生与别人合作学习,但很难听进别人的话	学生不能与别人共同有效地进行学习
解释	解释详细而明确	解释明确	解释很难理解,但包括一些必要的内容	解释难以理解,漏掉了重要内容,或者根本没有解释

续表

评价项目	4	3	2	1
核对	作业由两位同学核对过,并全部做了合适的修正	作业由一位同学核对过,并全部做了合适的修正	作业由两位同学核对过,但有些修正被漏掉	没让同学核对作业,或者没有根据反馈做修正
整洁与组织方式	作业整洁、干净,组织方式易读	作业整洁、干净,组织方式通常易读	作业以某种组织方式完成,但有时不易读	作业看上去邋遢,没有组织结构,很难看出包括哪些信息
图表	图表清晰,并极大地帮助读者对一个或多个过程的理解	图表清晰,易于理解	图表有些难以理解	图表难理解,或没运用这一工具
完成	完成所有问题	除了一个问题,其余全部完成	除了两个问题,其余全部完成	有几个问题没有完成
数学术语和符号	总用正确的术语和符号,使得他人易于理解完成的工作	经常用正确的术语和符号,使得他人易于理解完成的工作	使用正确的术语,但他人有时候理解起来有困难	很少用术语和符号,或者用了许多不合适的术语和符号
策略	使用高效的策略解决问题	使用有效的策略解决问题	有时使用有效的策略解决问题,但并不总是这样	很少使用有效的策略解决问题

(资料来源:http://www.bcpl.net/~sullivan/modulestipsrubrics/,2009-09-09.)

附录 | 数学问题解决的评分规则(2)

评价项目	起步阶段	发展阶段	熟练阶段	精确阶段
概念理解 关键问题:学生是用数学表征来解释问题吗?所采用的方法能够精确地反映问题中的数学信息吗?	1. 你的问题的数学表征是不正确的; 2. 你运用了错误的信息来解决问题; 3. 你所使用的数学方法不能产生正确的结果; 4. 你使用的数学术语是不正确的	1. 你所选择的问题的表征形式是低效的或不精确的; 2. 你的答案与题目关联不大; 3. 你所选择的数学方法不能得到完全正确的答案; 4. 你使用的数学术语不严密	1. 你所选择的问题表征形式是恰当的; 2. 你在问题解决中运用了与题目相关的所有信息; 3. 你所选择的数学方法得到完全正确的答案; 4. 你使用了正确的数学术语	1. 你所选择的问题表征形式使问题更加清晰; 2. 你挖掘了潜在的问题信息; 3. 你所选择的数学方法很好地解决了问题; 4. 你使用了严密的数学术语

续表

评价项目	起步阶段	发展阶段	熟练阶段	精确阶段
策略和推理 关键问题:学生是否先制定了一个解题计划,是否运用了恰当的策略,是否进行了有逻辑、有根据的推理?	1.你的解题策略不正确; 2.你看起来不知道从何处入手; 3.你的论据不能支持你的策略和步骤; 4.在你的问题表征和任务之间没有明显的联系; 5.你的答案没有明显的推理过程; 6.你的解题步骤不能得到一个正确答案	1.你的解题策略过于简单; 2.你稍做解释或者根本没有解释你的策略; 3.你的问题表征可以准确地描述部分问题; 4.你的推理有一定的跳跃性,使人难以跟上你的思维; 5.你的一些解题步骤可以得到部分完整的答案	1.你选择了一个恰当而且高效的解题策略; 2.你为每一个步骤提供了论据; 3.你的问题表征十分恰当; 4.你在解题过程中的推理是明确的; 5.你的解题步骤可以得到完整且正确的答案	1.你采用了新颖且深刻的方法来解决问题; 2.你证明了你的答案是正确的、方法是有效的; 3.你提供了正例或反例来支持你的答案; 4.你运用了高级的方法来解决问题
计算和执行 关键问题:假设学生使用了一种数学方法,那么运用这种方法的过程是准确和完整的吗?	1.计算中出现的严重错误导致了你的答案是错误的; 2.你的数学表征是不确切的; 3.你用的单位不正确; 4.你的答案是错误的; 5.你的解题步骤不清楚	1.你在计算上犯了一些小错误; 2.你的表征基本正确,但是单位不准确或不完整; 3.你低效的策略选择使你不能解答问题; 4.你的解题过程是不连贯或不清晰的	1.你的计算基本正确; 2.所有看到的表征是完整且正确的; 3.你的答案基本正确; 4.你的解题过程可以支持你的结论	1.你解题的所有方面都是完全准确的; 2.你运用多重表征来证明你的结论; 3.你运用多种计算方法
表述 关键问题:我能够轻松地理解学生的思维,还是我必须去推断和猜测他们要做什么?	1.我跟不上你的思路; 2.你的解释听起来漫无边际; 3.你没有解释你的解题过程; 4.你好像不知道评分者想知道什么; 5.你的数学表征无助于解释你的思路	1.很难及时跟上你的解题思路; 2.我不得不推测你的解释; 3.你开头很好,但不能继续; 4.你的解释在有些地方太繁杂; 5.你的数学表征可以在一定程度上帮助你阐明你的思路	1.我可以理解你做了什么以及为什么这样做; 2.你的解答有序,容易理解; 3.你的解答步骤很流畅; 4.你使用了有效的方式进行说明; 5.你的数学表征有助于你阐明思路	1.你的说明简洁、清晰; 2.你精确地解释了概念; 3.你的数学表征有助于扩展你的结论; 4.你深入地论述了你的论据

续表

评价项目	起步阶段	发展阶段	熟练阶段	精确阶段
深刻性 关键问题：学生能抓住这个问题的更深层结构吗？能够注意到这个问题的解决方法与现实生活的关联吗？	1. 你不能识别范式和联系； 2. 你只满足于得到答案； 3. 你没有发现数学概念之间及学科间的联系	1. 你可以识别出部分范式和联系； 2. 你可以找出多种解题方法，但并不都是准确的； 3. 你试着应用你的答案或把它与其他数学领域联系起来	1. 你可以识别出题目中重要的范式和联系； 2. 你根据对题目的不同理解找出多种解题方法； 3. 你将你的解题方法与其他的问题、数学领域或应用联系起来	1. 你建立了一般的规则和范式来解决同类问题； 2. 你将本问题的本质结构与其他相似的问题相联系； 3. 你标出问题中错误或模糊之处可能产生的来源； 4. 你将结论准确而真实地应用到现实生活中

（资料来源：阿特，麦克泰，等.课堂教学评分规则——用表现性评价准则提高学生成绩[M].国家基础教育课程改革"促进教师发展与学生成长的评价研究"项目组，译.北京：中国轻工业出版社，2005：104-105.）

阅读类

附录 J 阅读新闻类文章的评分规则

理解常规用法	建立对文章的理解	对背景知识的认识
● 理解语法、标点符号、用词和句子结构等常规用法； ● 识别作者在文章组织方面的常规用法、文章的组织框架和文章特点； ● 了解写作形式（报纸、杂志、课本、小册子、文本说明）以及每种形式的典型特征	● 识别和解释关于文章论点的关键词； ● 识别文章中的主要观点、重要和不重要的例子、事件、专家观点以及转折点； ● 辨别说明中心思想的重要的与支持性的细节； ● 为了进行推断和说明进行总结和解释	● 识别文中的时代信息及伴随的社会现实； ● 识别文章观点的内容及其与社会现实的联系； ● 识别反映文章与背景关系的词汇； ● 识别作者选择的反映背景知识的写作类型、气氛、风格以及信息资源； ● 识别主旨的背景知识及其在文章中多方面的应用

5＝高水平的反应:利用常规用法建立文章确定的"思维结构"。 ● 直接运用文章的结构信息,以具体与精确的方式来回答问题; ● 选择那些恰当的且有支持力的例子来说明对常规用法的理解; ● 通过扩充最初的思维结构,做出"超前的"回答	5＝高水平的反应:对文章的理解是有目的的、扩展的、有见识的。 ● 使用精确的术语直接回答问题,表现出对文章的精确理解; ● 选择恰当的例子来阐述深层次的理解;选择的例子经过了很好的加工,使用清晰的、具体的语言和术语进行描述; ● 因为对文章的理解已经达到了推断和解释的水平,做出了"超前的"回答	5＝高水平的反应:了解文章的背景知识,理解它的内在意义以及外显和潜在的目的。 ● 从直接且具体的回答中可以看出对背景知识的内在意义的理解; ● 选择恰当的例子来阐述对背景知识的主题的理解; ● 突破问题的限制,阐述对背景与背景之间的关系的理解
3＝中级水平的反应:利用常规用法形成文章初步的"思维结构"。 ● 运用关于文章结构的基本信息来表述一般的理解; ● 选择"符合常规的"并明显的例子来说明对常规用法的理解; ● 回答是相当常规的,没有超出问题的要求	3＝中级水平的反应:对文章理解充分,但需要增强目的性。 ● 采用一些术语来表现一般性理解; ● 选择"符合常规的"与明显的例子阐明对文章的理解; ● 没有尝试使用问题要求以外的信息	3＝中级水平的反应:对背景知识有一定程度的了解,理解一些明显的内在意义,但仍然不了解许多事实和事件的联系。 ● 运用一些反映背景关系的术语来表明一种基本的理解; ● 选择那些停留在接近文章表面的、常规并明显的例子; ● 严格按照题目的要求答题
1＝初级水平的反应:已经开始理解文章中的常规用法,但由于理解上的阻碍而难以建立文章的"思维结构"。 ● 对问题没有充分的回答,但可以使用一些文章结构方面的信息; ● 将注意力集中在文章的一般信息上,而没有注意那些可以作为证据的例子; ● 回答粗略而且不完整	1＝初级水平的反应:试图对文章有一个基本的理解。 ● 不能提供例证,但有时对问题进行重申; ● 能够通过很少的证据表明对文章的基本理解; ● 回答粗略但不完整	1＝初级水平的反应:能够猜测背景知识,但是在推理上有困难。 ● 不采用文中的例子来说明推论性理解; ● 没有足够的证据阐明对文章推论层次的理解

续表

解释能力	综合能力	批判性评价
● 识别文章中的问题、漏洞、模糊之处、矛盾之处和/或不同的观点; ● 分析文章、弥补漏洞、澄清模糊之处,并解决文章中的问题; ● 利用上下文线索把分析性的解释联系起来,并形成一个全面的描述	● 使用信息以说明文章的推进或时间表; ● 比较和对比例子、事情或事件,以产生确定的判断或说明; ● 识别和描述原因和结果间的关系; ● 将文章与个人的背景、经验和/或知识内容结合,以把文章与知识综合起来	● 验证文中的观点; ● 表达关于文章的看法; ● 提出关于文章的问题; ● 从说明中得出综合材料,并以此很好地评判文章; ● 识别出文中带有偏见、扭曲和缺乏一致性的地方,挑战作者的观点或原始材料; ● 与其他原始材料对比文章信息的正确性,形成坚固、牢靠的批判
5=高级水平的反应:对文章信息的批判性分析和思考。 ● 运用问题解决技能直接回答问题——采用具体的证据、线索和目标信息; ● 从文中引用例子、引证和事件,并与分析紧密联系; ● 通过建立历史意义、文化价值及普遍主题的框架产生扩展的描述,得出超越题目的回答	5=高级水平的反应:将文章的材料与其他类型的知识相结合形成一个综合的观点。 ● 通过使用综合的语言解答问题,直接、具体且完整地表现出综合能力; ● 根据题目的要求,使用恰当、合适的例子; ● 回答超越了问题界限,将几个层面的知识结合成一个协调的整体	5=高级水平的反应:对文章做出极具个人风格的评价。 ● 直接并贴切地回答问题,使用评价性术语,高效并精确地展现读者对文章的批判; ● 例子经过很好的加工,置于文章背景中,并与其他的观点很好地联系起来; ● 回答超越了问题给出的信息,批驳原文,给出确定且可信的判断
3=中级水平的反应:对文章做了一定的解释,但比较狭隘。 ● 使用的术语说明对文章只能够做出初步的解释; ● 引用十分明显的例子给出常规的回答;例子与分析之间的联系不是很明确; ● 回答没有超越题目的限制——使用"扩展描述"的技能仍不成熟	3=中级水平的反应:把文章信息和其他知识结合起来,做了初步的综合。 ● 使用一些综合性的言语,初步掌握了整合和综合的技能; ● 使用一般性的和符合"常规"的例子; ● 没有很好地把回答中的知识类型和层次结合起来	3=中级水平的反应:很难做出完整的评价,还处在遵循符合"常规"的阶段。 ● 只是做出一般的评价,但不怎么批驳原文; ● 以相当有限的方法选择与其他观点相关的"安全"且明显的例子; ● 不能超出问题的规定,不能尝试进行更大范围的批判

1＝初级水平的反应：像是在"讨论一本书"。阅读和解释仍是分离的。几乎不能"解释"文章里的内容。 ● 不能充分地提出问题； ● 不能从文章中引用例子、引证和证据作为解释的基础； ● 有时重复使用问题的文字	1＝初级水平的反应：使用了一些综合性的技能，但完整的高级综合能力还处于初级阶段。 ● 综合与问题的要求无关； ● 不能准确运用综合性的语言； ● 不能将原始资料、文章内容和理解整合起来，以让人理解	1＝初级水平的反应：开始寻找对原文进行批判的落脚点。 ● 分散地使用评价术语或根本没有使用评价术语； ● 不完整或粗略地描述例子，且与其他观点或问题无关； ● 回答不完整或重复使用问题的文字

（资料来源：阿特，麦克泰，等.课堂教学评分规则——用表现性评价准则提高学生成绩[M].国家基础教育课程改革"促进教师发展与学生成长的评价研究"项目组，译.北京：中国轻工业出版社，2005：110-112.）

演 讲 类

附录K　即兴演讲的评分规则

内　容

对内容进行等级评定，关键在于演讲的具体内容。这包括与任务相关的内容的数量，内容与任务的相关程度，以及内容对于听众和环境的合适程度。

1＝演讲是不恰当的，不能达到任务要求。

● 演讲者实际上什么都没说；

● 演讲者主要关注那些无关的内容；

● 演讲者是高度以自我为中心的，忽视听众和周围的环境。

2＝演讲的内容最小限度地达到任务的要求。

● 演讲者不能提供充分的信息以达到任务的要求；

● 演讲中包括一些无关内容，演讲者偏离了演讲的主题；

● 演讲者面对不同听众和环境很少进行调整；演讲者使用一些与听众的知识与经历不相称的词汇和术语（如，行话、俚语、术语）；演讲者的论述是以自我为中心的。

3＝演讲充分达到了任务的要求。

● 演讲者提供充分的信息以达到任务的要求；

● 演讲者重点关注相关的内容，紧扣主题；

● 演讲者因不同的听众和环境做出一般性的调整；演讲者使用与一般听众的知识与经历相适合的词汇和术语；演讲者的论述能够被多数听众理解。

4＝演讲极好地达到任务的要求。举例如下：

● 演讲者为任务提供了多种形式的恰当内容，如概括、细节描述、举例和多种形式的引证；

● 演讲者在面对不同的听众和环境时做出具体的调整；演讲者考虑到听众的知识和经历，添加必要的说明，联系了听众的个人经验；演讲者的论述适合听众的价值观和动机。

条理性

对条理性进行等级评定的关键点是演讲内容的组织方式。它涉及演讲内容中各个观点之间的层次和关系。

1＝条理性不恰当，不能达到任务的要求。

● 演讲内容是无条理的，大部分内容难以理解。

2＝条理性在最小限度上达到任务的要求。

● 演讲内容条理混乱，有很大的跳跃性；

● 演讲内容看起来是随意的或松散的；

● 很难理解演讲观点间的层次和关系，必须对其进行一些假设，不能形成演讲大纲。

3＝条理性充分达到任务的要求。

● 演讲内容是有条理的；

● 不难理解演讲观点间的层次和联系，也不需要对其进行假设，可以形成演讲大纲。

4＝条理性极好地达到任务要求。

● 演讲内容的条理性非常强；

● 讲述者通过发布主题、预先展示条理结构、过渡和总结等帮助听众理解演讲中观点之间的层次和联系。

表　达

对表达能力进行等级评定的关键点是演讲中的信息传递情况。它涉及演讲者的音量、演讲速度和清晰度。清晰度是指发音和发言的清晰程度。有例子表明，不清楚的发音和发言包括把话含在嘴里、咕哝、口吃和发言不流利、口头语过多（如，"嗯""啊"或"你知道"）。

1＝表达完全不能达到任务的要求。

● 演讲声音太低，以至于大部分内容听众都听不见；

● 演讲速度过快，以至于大部分内容听众都听不懂；

● 发音和发言非常不清晰，以至于大部分内容听众都听不懂。

2＝表达最小限度地满足任务的要求。

● 演讲声音过低或过高；

● 演讲的速度过快或过慢，停顿的时间过长或在不适当的地方出现停顿；

● 发音和发言不清楚，演讲有许多不流利的地方，如，"嗯""啊"或"你知道"；

● 表达中出现转移听众注意力的问题，听众很难理解演讲中的词汇，必须花费力气去理解这些词汇。

3＝表达充分达到任务的要求。

● 演讲声音过低或过高；

● 演讲的速度过快或过慢，停顿的时间过长或在不适当的地方出现停顿；

● 发音和发言是清楚，演讲只有少许不流利的地方，如，"嗯""啊"或"你知道"；

● 表达中出现的一些问题不会转移听众的注意力，演讲中的词汇容易理解。

4＝表达极好地达到任务的要求。

● 演讲者通过很好的表达来强调演讲内容的意义；演讲者用生动、热情的方式进行表达；

● 演讲音量高低起伏，能够强调重点和增加吸引力；

● 演讲的速度有快有慢，能够强调重点和增加吸引力；

● 发音和发言非常清晰，演讲者极少有不流利的地方，如"嗯""啊"或"你知道"。

（资料来源：阿特，麦克泰，等.课堂教学评分规则——用表现性评价准则提高学生成绩[M].国家基础教育课程改革"促进教师发展与学生成长的评价研究"项目组，译.北京：中国轻工业出版社，2005：149-153.）

附录 L　演讲的评分规则

评价项目	4	3	2	1
语调	在抑扬顿挫方面十分到位，非常恰当地传递了感情	说话抑扬顿挫，但有时感情传递得不恰当	语调平淡，很少抑扬顿挫，或者传递的感情常常不适合内容	语调平淡，没有抑扬顿挫

续表

评价项目	4	3	2	1
理解	能够正确回答几乎所有同学提出的有关主题的问题	能够正确回答大部分同学提出的有关主题的问题	能够正确回答几个同学提出的有关主题的问题	不能正确回答同学提出的有关主题的问题
热情	面部表情和肢体语言表现出对所讲的主题有着强烈的兴趣和热情	面部表情和肢体语言表现出对所讲的主题有兴趣和热情	试图用面部表情和肢体语言来表现热情,但看起来不够真诚	缺乏面部表情或肢体语言
穿着	穿着正式,看起来非常专业	相对随便的正式穿着	相对随便的正式穿着,但穿运动鞋或衣服有些皱	普通的穿着,对于听众并不合适
准备	准备充分,而且很明显演练过	看起来准备很好,但可能需要两次或更多的演练	做了一些准备,但明显地缺乏演练	看起来根本没对演讲做过准备
对同伴的评价	完整填写同伴评价表,且评分总是根据同伴的表现,而不是别的因素(如被评价者是亲密朋友)	填写绝大部分的同伴评价表,且评分总是根据同伴的表现,而不是别的因素(如被评价者是亲密朋友)	填写大部分的同伴评价表,且评分总是根据同伴的表现,而不是别的因素(如被评价者是亲密朋友)	填写大部分的同伴评价表,但评分结果看起来缺乏公正
听别人的演讲	专心听,不制造任何干扰性噪音或动作	专心听,但制造了一次干扰性噪音或动作	有时候像没在听,但没妨碍别人	有时没在听,并制造干扰性噪音或动作
时间限制	表达有 5~6 分钟长	表达有 4 分钟长	表达有 3 分钟长	表达不到 3 分钟或超过 6 分钟
演讲清楚	在 95%~100% 时间内演讲明朗、清楚,没有发音错误	在 95%~100% 时间内演讲明朗、清楚,但有一个字发错音	在 85%~94% 时间内演讲明朗、清楚,有一个字发错音	常常低声咕哝,或讲的内容别人听不懂,或个别字发错音
表达	为使表达更精彩,使用了几个道具,看得出做了相当多的准备,富有创意	为使表达更精彩,使用了1个道具,看得出做了相当多的准备,富有创意	为使表达更精彩,使用了1个道具	没有使用道具或道具的选择影响了表达

评价项目	4	3	2	1
词汇	使用对听众合适的词,如果是对听众可能比较新的词,就通过定义来扩大听众可接受的词汇	使用对听众合适的词,包括1～2个对大多数听众可能陌生的词,但没做定义	使用对听众合适的词,包括2～4个对大多数听众可能陌生的词,但没做定义	用了多个(5个或更多)听众不能理解的词或短语
完整句子的使用	总是(99％～100％的时间)用完整句子演讲	多数时间(80％～98％)用完整句子演讲	有时(70％～80％的时间)用完整句子演讲	很少用完整句子演讲
围绕主题	一直(100％的时间)围绕主题演讲	大部分时间(90％～99％)围绕主题演讲	部分时间(75％～89％)围绕主题演讲	很难让听众明白所讲主题是什么
姿态和眼神交流	站得直,看起来放松而自信,并且在演讲过程中与在场的每个人都保持眼神的交流	站得直,并且在演讲过程中与在场的每个人都保持眼神的交流	有时站得直,并且进行眼神的交流	懒散或表达过程中不看听众
内容	看得出对主题的理解很全面	看得出对主题理解得很好	看得出对主题的某部分理解得很好	看得出对主题的理解不太好
与同伴的合作	几乎总是在认真听取、共享并支持小组中其他人的观点。努力保证大家共同好好地工作	通常认真听取、共享并支持小组中其他人的观点。在小组中不无故惹事	通常认真听取、共享并支持小组中其他人的观点。但有时不算一个好组员	很少认真听取、共享并支持小组中其他人的观点。常常做得不像一个好组员
音量	在整个表达中,声音够大,所有听众都能听得到	至少90％的时间内声音足够大,所有听众都能听得到	至少80％的时间内声音足够大,所有听众都能听得到	声音常常太小,难以让所有听众听清楚

(资料来源:http://rubstar.4teacher.org/.2009-09-09.)

商 业 类

附录 M 商业管理中案例分析的评分规则

表现性任务:学生写一篇案例分析

评分项目	得分
文章第一部分:策略陈述	
1.提供下面四个方面的材料:①分析公司目标;②公司资料;③公司环境;④公司过去、现在和战略计划。	1 2 3 4 5
2.分析公司目标:	
在案例陈述目标同材料的一致性;	1 2 3 4 5
在概述公司目标中呈现丰富清晰的组织材料;	1 2 3 4 5
作者已经选择了最重要的或首要的目标;	1 2 3 4 5
目标陈述详细充分足以促使管理层做出决定。	1 2 3 4 5
3.分析公司资源:	
陈述资源同案例提供材料的一致性;	1 2 3 4 5
在概述公司资源中作者呈现丰富、清晰、有组织的证据;	1 2 3 4 5
作者已经选择最重要的或首要的资源。	1 2 3 4 5
4.分析公司环境:	
陈述有关环境同案例所提供材料的一致性;	1 2 3 4 5
在概述公司环境中作者呈现丰富、清晰、有组织的证据;	1 2 3 4 5
作者已经选择最重要的或首要的环境特征。	1 2 3 4 5
5.分析公司期望如何达到:	
陈述采取的措施同案例提供材料的一致性;	1 2 3 4 5
在概述公司措施时作者呈现丰富、清晰、有组织的证据;	1 2 3 4 5
作者选择切实的策略且它不会因为公司个别人的看法而被改变。	1 2 3 4 5
文章第二部分:策略可行性	
6.按公司目标,作者分析公司目前状况和计划中策略的可行性和适当性,通过这些方法作者提出公司实现目标的可能性;	1 2 3 4 5
7.作者通过逻辑推理和案例证据支持策略的可行性。	1 2 3 4 5

续表

文章第三部分:建议	
8.根据文章第一、二部分的逻辑提出建议;	1　2　3　4　5
9.建立具体适合公司管理阶层的决策;	1　2　3　4　5
10.建议有清晰的陈述和解释。	1　2　3　4　5
文章第四部分:文章整体质量	
11.文章中作者的主题陈述得非常清晰;	1　2　3　4　5
12.作为一个领导机构的顾问作者的口气是合适的;	1　2　3　4　5
13.文章是令人感兴趣的和新鲜的;	1　2　3　4　5
14.句型结构和词语选择清楚地反映了整体思想间的相互关系;	1　2　3　4　5
15.重要思想被给予了适当强调;	1　2　3　4　5
16.词语的选择是准确的;	1　2　3　4　5
17.文章简练,字字有其分量;	1　2　3　4　5
18.文章字词在拼写上是准确的;	1　2　3　4　5
19.作者进行了适当的断句;	1　2　3　4　5
20.作者准确地使用撇号和复数;	1　2　3　4　5
21.作者遵循"标准英语"的动名词格式和先行词格式;	1　2　3　4　5
22.作者遵循"标准英语"的动词、代词、否定格式;	1　2　3　4　5
23.作者在分句时正确使用其他标点符号,如逗号、冒号、分号、引号、大写字母等。	1　2　3　4　5

(资料来源:沃尔弗德,安迪生.等级评分——学习和评价的有效工具[M].国家基础教育课程改革"促进教师发展与学生成长的评价研究"项目组,译.北京:中国轻工业出版社,2004:205-206.)

附录 N　看护和专业治疗的小组活动的评分规则

表现性任务:小组设计职业治疗和看护。

小组计划_____;被评价成员_____;评价者名字_____;日期:_____。

提示:按下列要求,根据你的观点对小组成员在每一项目表现相应水平上进行画圈。

3＝突出;2＝很满意;1＝满意;0＝不满意;N/O＝没有适当的观察机会。

工作与行为关系	
理解:能理解任务的要求	0　1　2　3　4　N/O
问题识别和解决:参与识别和定义问题并努力解决问题	0　1　2　3　4　N/O
组织:用系统的方式完成任务(如时间管理)	0　1　2　3　4　N/O
承担责任:对完成的任务承担责任	0　1　2　3　4　N/O
主动性:对小组的计划或决定表现出兴趣并提出建议和反馈信息	0　1　2　3　4　N/O

续表

完成任务:通过完成自己的任务对小组做出贡献	0 1 2 3 4 N/O
参加:参加制订计划的会议,提出建议和参与决策	0 1 2 3 4 N/O
工作成员之间的相互关系	
合作:工作中同其他人合作	0 1 2 3 4 N/O
参与:完成个体的任务,对团队做出贡献	0 1 2 3 4 N/O
态度:在实现目标的工作中表现积极并提出建设性的建议	0 1 2 3 4 N/O
独立性:不过分地依赖其他成员完成工作	0 1 2 3 4 N/O
交流:清楚地表达自己的想法	0 1 2 3 4 N/O
应答:对其他组员提出的口头问题或身体暗示做出积极的反应	0 1 2 3 4 N/O

合计总分:_____;平均每项得分:_____。

建议:

(资料来源:沃尔弗德,安迪生.等级评分——学习和评价的有效工具[M].国家基础教育课程改革"促进教师发展与学生成长的评价研究"项目组,译.北京:中国轻工业出版社,2004:183-184.)

附录○ 商业管理中团队计划的评分规则

表现性任务:学生团队在一家公司共同工作以发现问题并提供解决办法。为了让学生所在公司的成员去完成,这份表格在计划初期被交给学生和公司人员。

评价项目	使团队顾客满意的技巧		
严守时间	一些团队成员失约或没有回电话 0 1 2 3	所有成员准时赴约并尽可能地回所有电话 4 5 6 7	所有成员总是到得很早 8 9 10
礼貌	一些团队成员没有尊重一些公司人员 0 1 2 3	所有成员总是很有礼貌并尊重所有公司人员 4 5 6 7	团队成员非常礼待并尊重所有公司人员,他们总能提出好点子 8 9 10
仪表	有时一些团队成员的着装不太恰当 0 1 2 3	所有成员总是着装适当 4 5 6 7	所有成员的服装总是同我们公司形象相匹配 8 9 10

工作热情	一些团队成员似乎对计划不感兴趣 0　1　2　3	所有成员对计划表表现热情并渴望去工作 4　5　6　7	团队成员对整个计划的热情感染并鼓舞了我们公司其他人 8　9　10
交流	一些团队成员在会议或电话中没有进行有效的交流 0　1　2　3	团队成员在会议和电话中总是同雇员进行积极的交流 4　5　6　7	团队成员在会议和电话中总是积极努力确保他们理解我们,并且我们也理解他们 8　9　10

团队的计划管理技巧

计划意识	没有成员曾经给公司一个他们设计的计划 0　1　2　3	一些团队成员和公司成员交流他们设计的计划 4　5　6　7	所有成员都参与计划制定,意识到这个计划的重要性并接受它 8　9　10
问题定义	团队关于问题的定义是缺乏的,或不清晰的 0　1　2　3	问题被清楚地定义,有关问题的测量数据被提供 4　5　6　7	问题的重要性以及同公司目标的关系被清楚地呈现出来 8　9　10
计划可行性	提供的计划是不可行的 0　1　2　3	提供的计划是可行的,但需要改进 4　5　6　7	计划是可行的,并且随着计划进行的需要被定期地更新 8　9　10
计划呈现	一份写好的计划没有被呈现给公司 0　1　2　3	一些清楚的带图表的计划被呈现给公司 4　5　6　7	所有呈现给公司的计划都非常清晰,带有图表 8　9　10

团队数据分析

数据收集	团队没有显而易见的方法去决定需要收集什么数据 0　1　2　3	数据被系统地收集 4　5　6　7	团队能够清楚地解释为什么一些数据被收集,而另一些数据不被收集 8　9　10
收集方法	团队的数据收集方法是偶然的和随机的 0　1　2　3	团队有一个他们已接受的清晰的计划去收集数据 4　5　6　7	数据收集方法同数据的分析相适应 8　9　10

续表

分析工具	团队没有工具去分析数据，或者工具的选择是随意的 0　1　2　3	团队用所有适当的工具去分析数据 4　5　6　7	团队充分揭示他们为什么选择某种工具而非其他工具去分析数据 8　9　10
结果分析	团队没有评价数据分析结果的有效性 0　1　2　3	团队通过雇员的判断证明他们结果的有效性 4　5　6　7	团队通过一个简短的实验证明他们结果的有效性 8　9　10

团队的建议			
清楚	团队没有建议，或建议是不可理解的 0　1　2　3	团队关于所给问题检测的建议是合理的 4　5　6　7	建议是在问题陈述和数据分析的逻辑基础上自然形成的 8　9　10
效果	实施建议的效果没被检测或完全错误 0　1　2　3	建议对于管理阶层的决定提供了足够的支持 4　5　6　7	建议包含了一份关于方案实施的计划 8　9　10

团队论文的质量			
执行部门总结	没有执行部门总结 0　1　2　3	总结被认真书写，包括关键目标、问题、分析、步骤和建议 4　5　6　7	总结就如同公司现在进行的一样好 8　9　10
论文组织	文章很难被接受 0　1　2　3	文章容易被接受和阅读 4　5　6　7	所有文章的内部关系被精心选择的句子结构和词语很清楚地表达出来 8　9　10
写作风格	文章很乱，没有清晰的线索，看起来像是由几个人完成的 0　1　2　3	文章的内容通过正确的拼写、标准的语法、科学的断句、适当的文字很好地得到表达 4　5　6　7	文章书写顺畅、文字优美并且适合目前公司的要求 8　9　10

团队成员的个人技能			
自信	一些团队成员的行为看起来似乎是他们对自己的能力缺乏自信 0　1　2　3	所有成员看起来似乎总是有自信 4　5　6　7	所有成员总是有自信并在组织中能起领导作用 8　9　10

知识	一些成员似乎没有理解他们正在做的事情 0　1　2　3	所有成员似乎都有相当的知识或能力去学习所需要的材料 4　5　6　7	所有成员都有能力去识别他们在前进中需要的与获得的材料 8　9　10
可靠性	一些成员没有完成他们的任务 0　1　2　3	所有成员充分投入到公司工作 4　5　6　7	团队所有工作超出了公司员工的期望 8　9　10
你对计划的满意度			
计划的完成	在计划实施过程中,团队没有做适当的工作 0　1　2　3	在计划实施过程中,团队完成了适当的工作量 4　5　6　7	团队完成的工作量超出了公司员工的期望 8　9　10
计划建议	建议的计划缺乏远见 0　1　2　3	建议的计划是有用的,将被我们公司仔细研究 4　5　6　7	建议的计划将完全或部分被公司采纳实施 8　9　10
满意度	我们是不满意的 0　1　2　3	我们全部满意 4　5　6　7	我们非常满意,对团队工作感到高兴 8　9　10

　　(资料来源:沃尔弗德,安迪生.等级评分——学习和评价的有效工具[M].国家基础教育课程改革"促进教师发展与学生成长的评价研究"项目组,译.北京:中国轻工业出版社,2004:192-196.)

附录 P　采访文字材料处理的评分规则

等级	标　准
A	● 富有创造力、思想深刻,引人入胜; ● 能够准确生动地运用复杂的词汇和不同结构的句子; ● 整个结构组织得当,符合逻辑; ● 采用有效且富有创新的多种形式来表达内容; ● 恰当而老练地运用呈现细节的方法,很好地展现被采访者的个人经历
B	● 清晰而富有思想; ● 能够准确地运用复杂的词汇和不同结构的句子; ● 整个结构符合逻辑; ● 采用有效的多种形式来表达内容; ● 恰当而仔细地运用呈现细节的方法,展现了被采访者的个人经历

续表

等级	标　准
C	● 详细,展开得较好; ● 运用了复杂的词汇和不同结构的句子,但有一些小错误; ● 有逻辑地组织材料; ● 为内容选择适当的表现形式; ● 恰当地使用细节来展现被采访者的个人经历; ● 有一些语法和书写错误
D	● 基本上比较清楚; ● 词汇和句子结构都较简单; ● 有一定的组织; ● 为部分内容选择了适当的表达形式; ● 能够使用细节来展现被采访者的个人经历; ● 有较多的语法和书写错误
重写	● 思想混乱; ● 句子和词汇缺乏变化; ● 缺乏符合逻辑的组织; ● 只为很少内容选择了适当的表达形式; ● 不一致地使用细节表达被采访者的个人经历; ● 材料看上去就有错误,可能有时还会迷惑读者; ● 信息是清楚的、可以理解的、能激发思想的

(资料来源:http://www.bcpl.net/~sullivan/modulestipsrubrics/,2009-09-09.)

附录 Q　公告板展示的评分规则

要素及内容描述	可能的分数	得分	
		学生	教师
主题明确			
准确地陈述了恰当的观念			
提供充分、准确的信息支持观念			
整个展示组织得很好			
有目的地吸引观众的注意力			
如果事件或主题是有次序的,公告板上的信息呈现很易于阅读			
照片、图表以及其他视觉材料增加了信息的趣味性和质量			

续表

要素及内容描述	可能的分数	得分	
		学生	教师
印刷和视觉材料清晰,使人可以从1米远的地方就能看到			
整洁美观			
总分:			

（资料来源:http://www.bcpl.net/~sullivan/modulestipsrubrics/,2009-09-09.）

合 作 类

附录 R　小组合作的评分规则

评价项目	4	3	2	1
贡献	参与小组或班级讨论时,总能提供有用的建议。作为小组的固定领导者,做了许多有意义的努力	参与小组或班级讨论时,通常提供有用的建议。作为一个优秀小组成员,工作非常努力	参与小组或班级讨论时,有时提供有用的建议。作为一个合格小组成员,能够按要求去工作	参与小组或班级讨论时,很少提供有用的建议。不愿意参与小组的合作
工作质量	提供最好质量的工作	提供高质量的工作	所做的工作偶尔需要别的组员的检查或重做来保证质量	所做的工作通常需要别的组员的检查或重做才能保证质量
时间管理	总是很好地运用项目时间,能按时完成任务。小组没有因为某个人的延误而改变最后期限或工作任务	总是很好地运用项目时间,但可能在某件事情上有延误。小组没有因为某个人的延误而改变最后期限或工作任务	差点延期,但总是在最后期限前把任务完成。小组没有因为某个人的延误而改变最后期限或工作任务	很少会在最后期限前完成任务,并且因为某个人时间安排得不好,小组不得不调整最后期限或工作任务
问题解决	主动寻找和提供问题解决的方案	优化别人提出的问题解决方案	没有提供或优化解决方案,但愿意尝试别人的方案	既没有设法解决问题,也没有帮助他人解决问题,而是让其他人完成工作

续表

评价项目	4	3	2	1
态度	从不挑剔项目或别人的工作。总是对任务持积极的态度	很少当众挑剔项目或别人的工作。常常对任务持积极的态度	偶尔当众挑剔项目或别人的工作。通常对任务持积极的态度	常常挑剔项目或别人的工作。一般性地对任务持积极的态度
集中精力	一直集中精力于任务和需要做的事情上，自我导向非常好	大部分时间集中精力于任务和需要做的事情的信任	有时候集中精力于任务和需要做的事情上。其他组员有时必须重复、激励和提醒，才能使他坚持完成任务	很少集中精力于任务和需要做的事情上，让别人完成工作
准备	总是为小组提供所需材料，且随时准备工作	几乎总是为小组提供所需材料，且随时准备工作	几乎总是为小组提供所需材料，但有时需要静下心才能开始工作	常常忘记所需提供的材料或很少准备工作
个人努力	工作反映出该学生做了最大努力	工作反映出该学生做了很多努力	工作反映出该学生做了一些努力	工作反映出该学生做的努力非常少
关注小组效率	总是关注小组的工作效率，并积极做出努力以使其工作更加有效	总是关注小组的工作效率，并做一些努力以使其工作更加有效	偶尔关注小组的工作效率，并做一些努力以使其工作更加有效	很少关注小组的工作效率，也不曾努力使其工作更加有效
与他人合作	总是听取、共享、支持他人的观点，设法让大家在一起很好地工作	通常听取、共享、支持他人的观点，很少在小组中"滋事"	一般情况下，会听取、共享、支持他人的观点，但有时不能算是一个好组员	很少听取、共享、支持他人的观点，不能算是一个好组员

（资料来源：http://rubstar.4teacher.org/，2009-09-09.）

附录 S 小组讨论的评分规则

要素 1：内容理解——对讨论内容的理解

高水平

● 在讨论中，学生理解与主题相关的重要观点，表现为：正确地运用术语；精确地找出论证观点所需的信息；正确并恰当地举出正例和反例；论证在哪些方面的差异是重要的，以及如何进行简明扼要的解释；

● 相关的信息和知识是准确的；

● 学生运用准确的解释、理由和根据来详细地说明自己的观点。

中水平

● 观点相当清晰，但听众对学生想表达的意思需要进行一些猜测；

● 一些词汇运用正确，但另一些则不正确；

● 观点是正确的，但不简练；

● 通常运用一些事实、例证、类推、统计数据等支持小组观点，但感觉上还需要更多的支持性信息。

低水平

● 一些基本信息的使用不正确；

● 学生很难提出观点或论证自己的观点；

● 观点极度狭窄或难以理解；

● 学生不能理解主题、分辨中心思想和支持性信息；

● 不能正确使用术语。

要素 2：论证——利用内容探讨主题，达成共识，得出结论或讨论要点的能力

高水平

● 学生积极地参与小组任务；

● 学生陈述和辨别相关的子议题，这些过程是符合伦理的、有限定的，或遵循事实的，慎重且系统地考虑内在与相关的问题；

● 学生采取一个立场或提出一个主张，并提出例证、理由和根据来为它们辩护；

● 学生提出自己的立场或下定义，学生明白何时需要界定自己的立场；

● 学生将价值及价值冲突看作是争论前提的基础，知道何时承认这些价值的重要性；

● 学生通过推理进行争论；

● 学生可以辨别什么样的陈述是准确的、有逻辑的、相关的或清楚的，也可以辨别相反的或无关的论述；

● 学生清晰理解并严格遵循任务的要求，直到任务结束；学生知道什么时候任务才算是胜利地完成了；

● 学生知道应该什么时候提出问题来澄清自己的观点；

● 学生能区分论据和观点；

● 学生能够总结一致与不一致的观点以更深入地论证，知道做出总结的最佳时机。

中水平

● 学生依赖小组的力量来提要求；

● 学生通常能区分论据和观点；

● 学生可能会重复论证一个内容。

低水平

● 学生毫不犹豫地接受别人的观点；

● 学生随意地从主题的一个方面跳跃到另一方面；

● 学生几乎不提供相关信息，或不参与讨论；

● 观点可能被当作论据；

● 学生几乎不能理解任务的要求，也不能根据要求去很好地完成任务；

● 学生不能辨别最重要的信息；

● 学生经常要求重复一些观点，但还是不能理解它们。

要素3：组员间的互动

高水平

● 学生发起小组的活动，在小组中分配角色并接受既定角色应该履行的职责或义务；

● 互动反映了小组的规则——学生对小组很适应并服从组内的分配；

● 学生从其他组员那里寻求需要的支持，并清楚自己何时需要这种支持；

● 学习理解其他组员的陈述，在组员之间不断进行信息及观点的交换；

● 对别人的陈述做出回应，以表明自己理解并对这些陈述进行了思考；

● 学生谦虚地提出不一致意见，陈述自己对不同观点的看法，并希望就这一点进行讨论；

● 学生确信考虑了所有的相关观点；

● 学生谦虚、认真地听取他人意见；

● 非语言行为与口头语言相互协调，二者都是积极的；积极的非语言行为，包括点头、前倾的倾听姿势和目光的交流；

● 在社会性互动中，学生理解文化差异，并采取恰当的行为；

● 当出现冲突时，学生会尝试解决；

● 讨论是任务导向和团队导向的——用"我们"做主语；

● 共同决定，多采用团队协作的形式。

中水平

● 学生参与小组活动，在小组中分配角色并接受既定角色应该履行的职责和义务；

● 学生尝试讨论,但不能很好地参与;

● 学生个人的做法与小组的宗旨或目标是一致的;

● 学生参与小组活动,并能够起到促进的作用;

● 只在需要的时候做出反应,而且不是自愿的。

低水平

● 学生不能履行分配的角色;

● 互动不能反映小组的规则;

● 学生进行无关的或分散主题的论述;

● 可能会不礼貌且无建设性地打断别人;

● 有时垄断了小组讨论——一种控制性的模式,它会阻碍其他组员对小组的贡献;

● 学生进行一些人身攻击,言语中可以暗示对小组成员或他人的偏见;

● 即使被直接询问观点时,学生也不能参与到小组讨论中;

● 非语言行为与口头语言不协调——通常当口头语言表现为积极的态度时,非语言行为却表现为消极的态度;非语言行为可能使学生被小组其他成员疏远;

● 在讨论中,学生表现出对文化差异的不理解;

● 讨论是自我导向的——以"我"为主语;

● 单独完成工作,没有团队协作或合作的意向。

要素 4:语言

高水平

● 学生运用精妙的词汇和简练的句法,有目的地选择文字和句法来表明观点;

● 学生运用小组其他成员可以理解的语言;

● 学生界定或清晰地解释其他组员可能不熟悉的术语和概念,知道何时需要这种解释。

中水平

● 学生运用普通的词汇,并倾向于反复解释一个观点;

● 使用的语言虽然是正确的,但可能不能使小组其他所有成员产生与本人相同的理解。

低水平

● 学生使用小组其他成员不能理解的语言;

● 观点表述过于冗长,使别人难以跟上;

● 选择的语言是模糊的、抽象的或陈腐的,当需要进行更精确的表达时会使用一些不易理解的行话。

（资料来源：阿特，麦克泰，等.课堂教学评分规则——用表现性评价准则提高学生成绩[M].国家基础教育课程改革"促进教师发展与学生成长的评价研究"项目组，译.北京：中国轻工业出版社，2005：142-146.）

制 作 类

附录T 办公室管理中的电子表格的评分规则

介绍				
5	4	3	2	1
确定申请表目的。谁将是主要使用者，将如何去使用	确定申请表目的以及如何去使用	确定申请表目的	申请表目的没有很清楚地确定	不能确定申请表目的

电子表格结构				
5	4	3	2	1
在选择申请表目的的基础上，学生设计出符合逻辑要求、清晰、易理解、并有适当标注、计算、公式以及包含两个或多个有逻辑和统计功能的单元格和一个数据表的电子表格	在选择申请表目的的基础上，学生设计出符合逻辑要求、清晰、易理解、并有适当标注、计算、公式以及包含一个有逻辑和统计功能的单元格和一个数据表的电子表格	在选择申请表目的的基础上，学生设计出符合逻辑要求、清晰、易理解、并有基本的数学公式和功能的电子表格	在选择申请表目的的基础上，学生设计一个有基本的数学公式和功能的电子表格	电子表格没有基于申请表目的，读者或使用者无法清楚地理解它

申请表格式、功能、测试结果				
5	4	3	2	1
学生审核申请表格式、功能、测试结果的准确性。需要纠错时能加以改正。为取得期望的结果就改变格式和功能做出决定	学生审核申请表格式、功能、测试结果的准确性。需要纠错时，能加以改正	学生审核申请表格式、功能、测试结果的准确性。能够发现错误，但不能改正	学生审核申请表格式、功能、测试结果的准确性，但没有改正措施	学生不能审核申请表格式或不能改正错误计算或格式

数据分析、报告和总结				
5	4	3	2	1
通过电子表格生成三个图表，用来进行比较、对比和显示整体的百分比，以帮助分析数据。查询电子表格以在计划报告中使用数据	同5，但只能生成两个表格	通过电子表格生成两个图表，用来进行比较、对比和显示整体的百分比，以帮助分析数据，或者查询电子表格以在计划报告中使用数据	通过电子表格生成一个图表，用来进行比较、对比和显示整体的百分比，以帮助分析数据	生成一个图表，不能显示如何进行比较、对比整体的百分比

分析目的、发现和结论				
5	4	3	2	1
总结目的和发现，在完成使用的目标基础上得出有用结论并提供有关解释	总结目的和发现，在完成使用的目标基础上得出有用结论，但不能解释结果或提供有关解释	总结目的和发现，但不能得出有用结论	对目的或发现的总结是模糊不清的，并且不能得出结论	总结的陈述并不是对目的或发现的总结，而只是对目的的简单重述，甚至根本没有总结

（资料来源：沃尔弗德，安迪生.等级评分——学习和评价的有效工具[M].国家基础教育课程改革"促进教师发展与学生成长的评价研究"项目组，译.北京：中国轻工业出版社，2004：202-203.）

附录 U 多媒体项目的评分规则

等级	多媒体 所谓多媒体,是指利用多媒体对象,如文本、图像、录像、动画和声音的结合来代表和传输信息,也包括带有声音和图像的录像带	合作 所谓合作,是指小组成员共同工作。总体效果应大于个人独立工作的效果	内容 所谓内容,是指主题、思想、概念、知识和观点
5	学生采用具有创造性和有效的方法来使用多媒体,这些方法可以开拓所选多媒体的特殊能力,所有的部分都是有用的,很少有技术问题	是一个很有效的小组,每个成员的职责都很明晰。成品由所有成员共同完成,并且其中某些部分内容是个人不可能完成的	满足项目要求的所有标准,能够反映深入、广泛的研究和高级思维技能,或者展示对主题深刻的洞察与理解,或者能够吸引观众的注意
4	整合了 3 种或 3 种以上媒体的要素,形式上吸引人且容易让观众跟上思路。各部分均包括最初的学生工作。除了个别地方,所有的部分都是有用的,并没有降低整体呈现效果	学生共同工作,并针对不同成员的技术或才能来分配角色,所有的成员都努力完成他们的任务	项目有一个明确的目标,并且此目标为表现主题或观点服务。对来自多个信息源的信息进行了重新组织。项目除了对创建的学生有用外,对观众也有一定的用处
3	使用 2 种或 2 种以上媒体。有一些技术上的问题,但是观众能够跟随演示的进展,较少因技术问题而产生看、听或理解上的困难	学生共同工作。大多数成员完成了他们的任务。不一致的观点或行动得到有效的处理	项目以一种正确且有组织的方式来呈现信息,能被愿意观看的观众理解。有一个明确的目标
2	使用 2 种或 2 种以上媒体,但在技术上的严重错误干扰了观众看、听或理解内容	最终结果仅仅是一些成员共同努力的结果。在工作的重要方面上无法合作,缺乏沟通,无法解决冲突	项目有一个目标,但可能在表现上有所偏离。有一定的组织结构,但存在一些小的事实性错误
1	没有使用多媒体	基本是由一位学生独自完成	项目完成得草率或未完成。有重要的事实性错误或存在错误的概念及理解

(资料来源:http://rubistar.4teacher.org/,2009-09-09.)

附录 Ⅴ　收集与展览的评分规则

评价项目	4	3	2	1
展品数量	展览有很好的5个以上不同的展品	展览有4个不同展品,其中至少有3个展品不错	展览至少有3个不同相关展品,其中至少有2个展品不错	展览有3个展品,要么展品都一样,要么展品质量很差
展览	展览很有吸引力,组织得很好;展览陈列整洁、安全;展览使用树脂玻璃或其他透明的材料	展览有吸引力,组织得很好;展览陈列整洁、安全	展览做了一些组织,展览陈列安全	展览没做组织,或者展品陈列不安全
标签	每个展品都有一个小而整洁的标签,用于描述该展品,包括收集者的姓名、收集地点和日期等	每个展品都有一个标签,用于描述该展品,包括收集者的姓名、收集地点和日期	每个展品都有一个标签,但缺乏一些必要的信息	有一个或更多的展品没有标签
分类	学生按学科或年代对展品进行分类、组织;为进行分类做了很大努力	学生做了较大努力,试图对展品进行分类、组织;分类与组织看起来符合逻辑,体现了展品的特点	学生尝试对展品进行分类和组织,但缺乏方法	学生没对展品的分类和组织做任何努力
参与	学生表现出很大的热情,专心地完成任务;在别人需要时提供一些帮助	学生表现出一定的热情,专心地完成任务;在别人需要时提供一些帮助	学生没有专心地完成任务,但不妨碍别人	学生没有专心地完成任务,并妨碍了别人

（资料来源：http://rubister.4teacher.org/，2009-11-11.）

附录 Ⅵ　笔记本的评分规则

评价项目	4	3	2	1
完成情况	完成了所有的必要内容	有1个必要内容没有完成	有2～3个必要内容没有完成	有3个以上必要内容没有完成

续表

评价项目	4	3	2	1
页眉/页脚	在笔记本中标出了所有必需的页眉和页脚	在笔记本中有 1～2 个必需的页眉和页脚没有标出	在笔记本中有 3～4 个必需的页眉和页脚没有标出	在笔记本中有 4 个以上必需的页眉和页脚没有标出
组织	所有作业和笔记都以逻辑的或编号的形式按顺序加以记录	有 1～2 次作业和笔记没有以逻辑的或编号的形式按顺序加以记录	有 3～4 次作业和笔记没有以逻辑的或编号的形式按顺序加以记录	有 4 次以上的作业和笔记没有以逻辑的或编号的形式按顺序加以记录
整洁	整个笔记本非常整洁	笔记本总体上比较整洁,能令人满意	笔记本总体上不够整洁,不能令人满意	笔记本根本不整洁,缺乏必要的逻辑

（资料来源：http://teachers. teach-nology. com/web tools/rubrics/,2009-11-11. ）

附录 X 教育海报的评分规则

表现性任务:学生被要求去出一份海报来说明他们如何在实习期间完成某项课题。

卓越水平	专业水平	初级水平
——海报中包含多种多元智力的各方面信息； ——创造力证明：你需解释你选择所使用的工作方法的原因； ——冒险性证明：就你已经做的和没有做的事进行解释并说明原因； ——就你如何使用评价材料进行简明扼要的解释； ——你需满足不同读者的需要； ——就一些统计概念及其应用进行简明扼要的介绍； ——就主题的详细内容进行陈述； ——文章的陈述必须应用专业语言,不能有惯例错误	——在海报解释中提供了几种多元智力信息； ——一些创造力证据:就你为什么选择目前的研究方法进行解释； ——一些冒险行动:就你已经做的和没有做的行动及原因进行解释； ——就你如何使用评价材料进行清楚的解释； ——就满足不同学习者的需要提供广泛的证据； ——就一些统计概念和使用方法进行解释； ——就主题要求的内容进行清晰的陈述； ——陈述语言是专业术语,包含一个惯例错误	——在海报介绍中提到一些多元智力信息； ——创造力的部分证据:就你选择目前的研究方法进行了部分解释； ——极少或没有冒险行动证据:没有就你的工作状况进行解释； ——就你如何应用评价材料进行了部分解释； ——就你满足不同学者的需要提供了部分证据； ——就统计概念和应用进行了部分解释； ——就主题要求的内容进行了部分解释； ——陈述语言包含有一些专业术语的错误,还有一些惯例错误

（资料来源:沃尔弗德,安迪生. 等级评分——学习和评价的有效工具[M].国家基础教育课程改革"促进教师发展与学生成长的评价研究"项目组,译.北京:中国轻工业出版社,2004:190-191. ）

附录 Y　网站设计的评分规则

评价项目	4	3	2	1
颜色选择	背景、字体、已访问与未访问链接的颜色组成一个非常悦目的色彩画面；它不会妨碍内容表达，所有页面颜色一致	背景、字体、已访问与未访问链接的颜色不会妨碍内容表达，所有页面颜色一致	背景、字体、已访问与未访问链接的颜色不会妨碍内容表达	背景、字体、已访问与未访问链接的颜色妨碍内容表达，或者干扰读者理解
装载时间	通过小图形，对声音和图形的良好压缩，以及图像等与内容的合理分割来实现快速下载；在用 54K 调制解调器上网的情况下，页面的装载速度非常快（不多于 10 秒）	通过小图形，对声音和图形的良好压缩，以及图像等与内容的合理分割来实现快速下载；在用 54K 调制解调器上网的情况下，页面的装载速度比较快（10～15 秒）	有一个页面装载速度超过 15 秒，但其他页面比较快	由于图形、动画、声音等设置方面的原因，使得页面的装载时间普遍超过 15 秒
背景	背景非常生动，不同页面间协调一致，加强了主题或网站目的的表现力，而且不妨碍可读性	不同页面间协调一致，加强了主题或网站目的的表现力，而且不妨碍可读性	不同页面间背景一致，不妨碍可读性	页面间背景妨碍可读性
书写和语法	在网站的最终版本上没有错别字以及标点或语法错误	在网站的最终版本上有 1～3 个错别字以及标点或语法错误	在网站的最终版本上有 4～5 个错别字以及标点或语法错误	在网站的最终版本上有超过 5 个错别字以及标点或语法错误
字体	字体一致、易读，对标题和正文格式的设置合适；不同页面的格式统一，具有可读性	字体一致、易读，对标题和正文格式的设置合适	字体一致，对标题和正文格式的设置合适	使用了多种字体、格式和磅值，减低了可读性
版权	参引材料的标注全面、清晰、易于寻址；使用的材料都有版权许可	参引材料的标注全面、清晰、易于寻址；但不够全面；使用的材料都有版权许可	参引材料的标注不够全面；使用的材料都有版权许可	使用了侵权的材料

续表

评价项目	4	3	2	1
内容	网站有明确的、表达很好的目的、贯穿全文的主题	网站有明确的、表达很好的目的、贯穿全文的主题,但可能有一两个看起来与其无关的元素	网站的目的和主题有些杂乱或模糊	网站没有目的和主题
链接内容	所有链接都指向高质量的、更新及时的、信誉良好的网站	几乎所有链接都指向高质量的、更新及时的、信誉良好的网站	大部分链接都指向高质量的、更新及时的、信誉良好的网站	指向高质量的、更新及时的、信誉良好的网站的链接不足 3/4
图形	图形与网站的主体/目的相关,并经仔细裁切,质量高,吸引读者,促进读者的理解	图形与网站的主体/目的相关,质量高,吸引读者或促进读者的理解	图形与网站的主体/目的相关,质量高	随便选择图形,质量差,或者妨碍了读者理解
联系信息	每个网页都包括对原创性作者、学校、发行日期、最近更新日期的声明	几乎每个网页都包括对原创性作者、学校、发行日期、最近更新日期的声明	大部分(75%～80%)网页包括对原创性作者、学校、发行日期、最近更新日期的声明	有几个网页包括对原创性作者、学校、发行日期、最近更新日期的声明
布局	网页布局非常吸引人、实用;容易找到所有重要元素;有效地使用空白、图形元素来组织材料	网页布局非常吸引人、实用;容易找到所有重要元素	网页布局非常实用,但可能看起来杂乱、令人厌烦;容易找到大部分重要元素	网页看起来杂乱或令人厌烦;常常很难找到重要元素
导航	导航链接标注清晰、设置一致,允许读者轻松地从一页转到相关页;网址链接帮助读者到他想去的页面;用户不会迷航	导航链接标注清晰、设置一致,允许读者轻松地从一页转到相关页;网址链接帮助读者到他想去的页面;用户很少迷航	导航链接帮助读者到他想去的页面,但有些链接找不到;用户有时会迷航	有些链接不能让读者到达描述的站点;用户常常迷航
学习规范	学生总是很好地使用课堂时间;谈话主要集中在完成学习需要的项目和事物上,以一种绝不会打扰别人的方式进行	学生常常很好地使用课堂时间;大部分谈话主要集中在完成学习需要的项目和事物上,以一种绝不会打扰别人的方式进行	学生常常很好地使用课堂时间,但有时影响别人的学习	学生没有运用好课堂时间,或者经常影响别人的学习

评价项目	4	3	2	1
合作工作	尊重同伴的观点,公平分配任务,一起努力实现有质量的工作并支持对方	尊重同伴的观点,公平分配任务,有些成员努力实现有质量的工作并支持对方	尊重同伴的观点,但在小组中较少有成员努力实现有质量的工作	同伴争吵或者不尊重对方的观点和成果;批评缺乏建设性,也不互相支持;工作主要由一两个人完成
资料学习	学生对网站内的和提供附加信息的材料理解得非常好,能够轻松地回答关于组成网站所有内容与过程的问题	学生对网站内的信息理解得很好,能够轻松地回答关于组成网站所有内容与过程的问题	学生对网站内的信息理解得还算可以,大多数人能轻松地回答关于组成网站所有内容与过程的问题	学生看上去没有从这个项目中学到太多知识,不能回答关于组成网站的内容与过程的大部分问题
兴趣	作者做了特别的尝试,让所针对的浏览者对网站的内容感到有兴趣	作者尝试让网站的内容有趣	作者在网站上放了大量信息,但不足以吸引浏览者的兴趣	作者仅仅提供了少量信息,并组织得很乏味
准确度	网站上学生提供的所有信息都准确,符合作业的要求	几乎所有信息都准确,符合作业的要求	大部分信息准确,符合作业的要求	在学生提供的内容中有几个不准确的地方,或者许多要求没有达到
图像	所有图像(尤其是用于导航的图像)有一个突出的标记来描述图像和它的链接,这样能让视力不好的人很好地使用网站	所有用于导航的图像都有一个突出的标记来描述图像和它的链接,这样能让视力不好的人很好地使用网站	大部分用于导航的图像都有一个突出的标记来描述图像和它的链接,这样能让视力不好的人较好地使用网站	没有顾及视力不好的互联网用户
声音	对音乐和声音进行了精心编辑,只有当它们能促进读者对内容的理解或让视力有障碍的人更方便地了解网站时才会使用	对音乐和声音进行了编辑,只有当它们能促进读者对内容的理解或让视力有障碍的人更方便地了解网站时才会使用	对音乐和声音进行了编辑,但有一两处妨碍了整个网站	对音乐和声音的编辑是随意的,严重影响了网站的效果

(资料来源:闫寒冰.信息化教学评价——量规实用工具[M].北京:教育科学出版社,2003:89-92.)

附录乙　职业计划中实地考查的评分规则

表现性任务:学生研究一个他们感兴趣的职业领域,并写一篇报告。任务包括在学生感兴趣的领域设计一次职业面谈。

内容/格式	研究	面谈
5＝报告提供与作业有关的信息,并引领读者通过逻辑和感兴趣的方法了解这些信息; 4＝报告覆盖了作业要求的许多内容,但没有用读者感兴趣的格式组织; 3＝信息不完整、混乱,并且组织的方式对于判断它同作业任务的关系十分困难; 2＝信息同作业任务没有关系; 1＝信息缺失	5＝报告通过资料和正式面谈充分回答了任务所列的问题; 4＝学生通过间接研究和面谈至少回答了一半的问题; 3＝学生试图通过间接研究和面谈信息做出回答; 2＝学生没有间接研究并很少回答任务所要求的问题; 1＝学生无法回答相关的问题(没有间接研究和面谈信息)	5＝学生与他们认为可能的雇主进行正式的个人面谈; 4＝学生与他们认为可能的雇主进行非正式的电话访谈; 3＝学生在同一门课程中与其他学生进行正式面谈; 2＝学生与其他学生进行非正式面谈,例如,学生在一次非正式聚会后抓住一个高年级学生问几个问题; 1＝学生没有为计划进行个人面谈